IVY WAY

아이비 웨이

IVY WAY

아이비 웨이

Paul J. Kim 김재훈

최정민 옮김

버터
북스

나의 동반자가 되어주고 무한한 이해와 지지를 보내준

사랑하는 아내 윤희에게.

당신은 나의 뮤즈이자

내가 더 높은 곳을 향할 수 있도록 영감을 주는 사람입니다.

*

어머니, 아버지 진심으로 사랑합니다.

인생의 갈림길을 위한 비밀병기

이 책의 저자 폴 J. 김을 만난 것은 1995년, 국제적인 경영 컨설팅 회사인 베인앤드컴퍼니의 서울 지사에서였다. 그로부터 긴 시간 동안 나는 그를 지켜보며 그의 사람됨이 얼마나 훌륭한지 알게 되었다. 내가 본 폴은 누구보다 겸손하고 정직하고 분별 있고 충직한, 존경할 만한 사람이다. 폴의 책을 한국 독자에게 소개하게 되어 기쁘고 영광이다.

이 책은 중학생부터 대학생, 그리고 그 이후의 삶을 살아가는 청년들을 위한 대입 지침서이자 대학 생활 지침서이고 나아가 인생 지침서이다. 무척이나 실용적이면서도 따뜻하고, 친절하면서도 반짝이는 영감으로 가득하다. 생각해보면 우리는 그 어느 때보다 정보가 넘쳐나는 세상에 살고 있다. 그만큼 길을 잃기도 쉬운 세상이다. 폴은 미국 뉴욕의 1세대 이민자로서 명문 고등학교인 스타이브슨트에서 보낸 성공적인 10대 시절과 하버드, MIT, 컬럼비아, 펜실베이니아 대학교(M&T 프로그램), 조지타운 대학교 등 명문 대학에 입학한 경험, 컬럼비아와 예일 같은 세계적인 MBA 과정에 합격한 방법, JP모건, 존슨앤드존슨과 같은 〈포춘〉 선정 500대 기업에서 전문적인 경력을 쌓은 비결을 하나하나 풀어놓는다. 험한 길을 먼저 걸어간 선배가 전하는 성공과 실패의 경험담이 페이지마다 살뜰하게 담긴, 비밀병기 같은 이 책이 내가 어렸을 때 있었더라면 얼마나 좋았을까 싶다. 늘 손 닿는 곳에 두고 인생의 갈림길에 설 때마다 펼쳐보았을 텐데.

시중에는 대학 입시와 진로에 관한 좋은 책이 많다. 그러나 작가 자신의 성장 과정과 의사결정 과정에 대한 명확하면서도 솔직한, 장기적인 관점까지 보여주는 책은 많지 않다. 이 책을 읽으며 우리는 학업과 특별활동, 개인적인 삶과 사회생활, 그리고 직업인으로서 삶의 균형을 맞추는 법을 배울 수 있다. 성공적인 삶을 열망하는 모든 사람을 위해, 폴은 자신의 재능과 열정을 갈고닦고, 이를 토대로 의미 있게 살아가기 위한 방법을 구체적으로 제시한다. 그는 젠체하는 법이 없고 가르치려 들지도 않지만, 그의 통찰과 가르침은 오늘 당장 써먹을 수 있고 내일도 유효하다. 바로 그 점이 이 책이 가진 미덕이라 하겠다.

폴은 수많은 학생들을 멘토링하고 지도해 미국 최고의 대학과 대학원에 입학할 수 있도록 도왔으며, 엄청난 성공을 거두었다. 그는 여기에서 만족하지 않고 새로운 입시 정보와 트렌드를 찾아 오늘도 미국 곳곳의 캠퍼스를 누빈다. 《아이비 웨이》는 그런 폴이 30년 동안 쌓은 단단한 지혜를 아낌없이 풀어놓은 책이다. 물론, 폴에게 개인 지도를 받는 것도 좋겠지만, 그의 성공담과 실패담이 모두 담긴 이 책을 읽는 것도 그에 못지않은 훌륭한 경험이 될 것이라 확신한다.

나는 그저 폴이라는 친구의 사람됨만을 아는 것이 아니다. 폴과 나는 둘 다 1세대 이민 가정에서 성장해 뉴욕에서 과학고등학교에 다녔으며, 둘 다 아이비리그 대학(그는 하버드, 나는 컬럼비아)에 다녔다. 우리 둘 다 컬럼비아 경영대학원을 졸업했고, 아시아와 미국의 일류 회사에서 일하며 전문적인 경력을 쌓았다. 이 같은 경험들을 공유하고 이해하기에 나는 이 책에서 폴이 건네는 무수한 통찰과 조언을 신뢰해도 좋다고 감히 단언할 수 있다.

　이 책을 읽는 당신 또한 귀중한 통찰을 얻게 되기를 바라며….

크나큰 존경을 담아,

토미 김Tommy Kim(전 더페이스샵 최고운영책임자)

히말라야에 셰르파가 있듯
대학으로 가는 길에는 폴쌤이 있다!

'림보 세대Generation Limbo'에 대해 들어보았는가? 명문 대학을 졸업했으나 의미 있는 직업을 찾지 못한 채 부모님과 함께 사는 청년들을 일컫는 말이다. 물론 이것은 내가 지어 낸 이야기도, 일부에 국한된 사례도 아니다. 〈뉴욕타임스〉 역시 '힘든 시기를 보내는 림보 세대Generation Limbo: Waiting It Out'라는 제목의 기사를 게재해 이 같은 세태를 꼬집었다.

실제로 경제는 어려워졌으며, 삶은 쉽지 않은 것 같다. 하지만 또 다른 측면을 보자. 많은 회사들이 여전히 대학 캠퍼스 채용(Campus Recruiting. 기업이 대학 캠퍼스를 방문해 재학 중인 학생이나 졸업예정자를 채용하는 과정)을 하고 있다. 대학원 역시 학생들을 입학시키고 있으며, 일부는 그 규모도 기록적이다. 그럼에도 우수한 교육을 받은 인재들 스스로 아직 '림보'에 머물러 있다고 생각하는 이유가 무엇일까? 시기가 나빠서, 혹은 운이 없어서, 계획이 부족해서, 혹은 계획은 좋았지만 실행을 제대로 하지 못해서⋯. 그렇다면 경제가 좋고 일자리가 많았던 시절에는 어땠을까? 많은 이들이 그저 '운이 좋아' 좋은 직장을 찾았던 걸까. 그렇다면, '나쁜' 경제에서는 허술했던 준비가 표면으로 드러나 운을 다하고 만 것일까.

이는 단순히 정의할 수 없는 문제임을 나 역시 잘 알고 있다. 그럼에도 한 가지는 자신 있게 말할 수 있다. 자신이 졸업 후 정부 지원 대상이 되리라 생각하며 대학에 입학한 학생은 없었으리라는 것. 학생들은 모두 미래에 대해 무한한 기대를 안고 대입을 준비한다. 부모님들 또한 마찬가지일 것이다. 저마다 품고 있는, 삶에 대한 기대와 꿈을 현실로 만드는 것. 그 방법을 설명하기 위해 나는 이 책을 썼다.

인생이라는 여정에서 대개 서른 살 이전에 통과해야 하

는 세 개의 관문이 있다. 나는 이를 큰 산을 정복하는 일에 종종 비유한다. 첫째, 경쟁력 있는 대학에 입학하기. 둘째, 대학에 재학하는 동안 성공적인 미래를 준비하기. 셋째, 사회로 나아가 원하는 커리어 쌓기. 이 세 개의 큰 산은 서로 별개의 것이 아니며, 오히려 긴밀히 연결되어 있다. 이는 대입이라는 첫 번째 산에 오르기 전 신발 끈을 단단히 매야 하는 이유이자, 명문 대학에 들어갔다고 해서 노력을 멈출 수도 없는 이유이다.

시중에는 대학 입학에 대한 정보를 제공하는 책이 적지 않다. 대학에서 성공하는 방법이며 경력 개발을 안내하는 책도 많다. 큰 산을 오르고자 준비하는 이라면, 산의 지형과 정보를 제공하는 이 같은 책들도 필요할 것이다. 나 역시 이런 책들에서 도움을 받았다. 그러면서도 어딘가 답답함을 느꼈다. 이 책은 어쩌면 내 답답함의 결과물일 것이다.

나는 인생이라는 탐험에 나선 학생들에게 가장 실용적인 조언을 해주고 싶었다. 그래서 직접 길을 내며 정상으로 향했으며 오늘도 많은 학생들의 손을 잡고 그 길을 안내하는 나의 경험담을 최대한 솔직하게 담았다. 물론, 인생은 누구에게나 다른 난이도를 가지며, 앞서 언급한 세 개의 큰 산보다 높고 험한 시련을 넘고 있는 학생들도 많을 것이다. 이 책에 모든 해답이 있는 것은 아니며, 정상에 올랐다고 성공적인 인생이 보장되는 것도 아니다. 그럼에도 내가 길을 찾고 정상에 도달하는 과정에서 나침반으로 삼은 기준을 공유하고, 객관적인 고찰을 나눌 수는 있을 것이다.

나는 다수의 아이비리그 대학과 대학원에 합격했으며, 로펌과 국제 경영 컨설팅 회사, 월스트리트 증권가와 미국 재계의 권위 있는 기업에서 일했다. 다른 한편으로는 하버드 대학교에서 15년, 컬럼비아 경영대학원에서 10년 동안 면접 관으로 대학 입학 과정에 참여했다. 취업을 한 후에는 10년 이상 '캠퍼스 채용'에서 활동하며 인재를 찾고 평가하는 일을 맡기도 했다. 또한 30여 년 동안 학생들의 멘토로 활동해 왔고, 지금은 전업 컨설턴트로 100명 이상의 학생들을 그들이 원하는 대학에 성공적으로 합격시켰다. 내가 이 책에 쓴 이야기는 나의 개인적인 경험과 학생들을 지도하며 얻은 객관적인 통찰이 맞물린 것임을 밝혀둔다.

대입을 다룬 PART 1과 성공적인 대학 생활을 다룬 PART 2는 많은 학생과 학부모로부터 받았던 질문들을 토대로 구성했다. 대학 졸업 이후의 커리어를 다룬 PART 3는 보다 개인적인 통찰을 담아 연대순으로 구성했다. 덧붙여, 나는 실제 인물과 기관, 문헌을 인용하여 실용적인 가치를 더하고자 했다. 물론, 나의 의견은 상대적인 것이고, 다른 사람의 의견과 다를 수 있다.

독자 여러분이 고등학교와 대학교, 나아가 미래의 성공을 찾아가는 데 내가 얻은 통찰이 도움이 된다면 더 바랄 게 없겠다. 더불어 생생한 경험담을 나눠주고 이 책의 내용을 풍성하게 만들어준 나의 자랑스러운 제자들에게도 깊이 감사드린다.

폴 J. 김

차례

추천의 말 인생의 갈림길을 위한 비밀병기 - 토미 김
프롤로그 힘든 산길에 세르파가 있듯 대학으로 가는 길에는 폴쌤이 있다!

· 대입 타임라인 ·

PART 1 · 대입 정복하기

1. 왜 아이비리그인가? 28
내가 하버드를 꿈꾼 이유 I 목표가 있을 때 전심전력할 수 있다

2. 당신이 아이비리그를 꿈꿔야 하는 진짜 이유 31
열정을 엔진으로 삼아라 I 배움의 질이 다르다 I 우수한 학생들 사이에서
성장하라 I 가성비를 고려하라

3. 대학 입학사정위원회, 그들은 누구인가? 37

대학은 학교의 가치를 높여줄 학생을 원한다 | 입학사정관은 어떤 기준으로 학생을 평가하는가? | 성적은 중요하지만, 성적이 전부는 아니다

4. 내신 관리하기 42

과목을 고를 때는 현실주의자가 되라 | 선생님은 중요하다

5. 특별활동은 왜 중요한가 45

입학사정관이 특별활동을 평가하는 이유 | 특별활동 포트폴리오, 어떻게 구성해야 하는가 | 주요 특별활동과 학업 사이에서 균형 잡기 | 부차적인 특별활동의 의미

6. SAT 준비하기 52

SAT, 학원에서 공부해야 할까? | 유행에 따르는 대신 내게 맞는 공부법을 찾아라

7. 여름방학 보내기 55

여름방학은 기회다! | 조지타운 여름 프로그램

 폴쌤이 묻고 학생들이 답하다
여름방학, 어떻게 보내야 할까?

• 고등학생을 대상으로 한 다양한 여름 캠프 •

8. 아르바이트와 인턴십 71

일이 우리에게 가르쳐주는 것들 | 돈은 스승이다

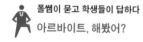

폴쌤이 묻고 학생들이 답하다
아르바이트, 해봤어?

9. 지원할 대학 선택하기 83

명성이 전부가 아니다 | 지피지기, 학교를 알고 나를 알아야 한다

10. 대입 추천서 준비하기 86

교과목 교사 추천서와 비교과목 추천서 | 추천서 부탁에 왕도가 있다면…

11. 면접시험 준비하기 91

면접이 중요한 이유 | 사회성은 면접의 열쇠다 | 면접에서 해야 하는 것과 하지 말아야 하는 것 | 면접 전 준비할 몇 가지 답변 | 면접에서 물어야 하는 몇 가지 질문

12. 대학 견학, 해야 할까? 103

대학 견학에서 얻을 수 있는 것 | 적극적으로 요청하고 충실히 즐겨라

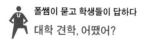

폴쌤이 묻고 학생들이 답하다
대학 견학, 어땠어?

13. 대입 에세이 쓰기 113

에세이는 학생의 목소리 그 자체다 I 좋은 에세이의 조건 I 나의 대입 에세이

폴쌤이 묻고 학생들이 답하다
대입 에세이, 어떻게 준비했어?

14. 조기 지원, 해야 할까? 135

얼리 액션과 얼리 디시전 I 조기 지원의 이점과 위험성

15. 다시 대입을 치른다면… 138

장학 프로그램에 지원했더라면 I 커리어에 대해 더 진지하게 고민했더라
면 I 청소년을 위한 커리어 지침서

폴쌤이 묻고 학생들이 답하다
한국에서 공부한 후 미국 대학에 들어간 경험은?

PART 2 · 대학 생활 정복하기

1. 대학에서 목표 세우기 148

대학에 들어갔다. …그다음엔? I 대학은 끝이 아니라 시작이다

2. 고등학생이 대학생이 되기까지 151

대학에서 길을 잃다 I 스스로 목표를 세우고 홀로 서는 시기

3. 어떤 전공을 선택할 것인가? 155
전공을 찾는 것은 자아를 찾는 것이다 | 대학은 최고의 학자에게 배울 기회다

4. 전공은 대학 생활에 어떤 영향을 끼치는가? 159
대학 공부법은 다르다 | 멘토를 찾고 그들의 조언에 귀를 기울여라 | 글쓰기가 성공을 결정한다

폴쌤이 묻고 학생들이 답하다
영어 글쓰기 능력, 어떻게 개발했어?

5. 다시 전공을 선택할 수 있다면 176
기술 중심의 전공과 학문 중심의 전공 | 기술 중심의 전공은 취업 가능성을 높인다 | 진로가 불분명하다면 최대한 많은 선택지를 확보하라

6. 진로 탐색하기 181
대학생 앞에 놓인 다섯 가지 길 | 다섯 가지 길이 전부일까?

폴쌤이 묻고 학생들이 답하다
메디컬 스쿨, 어떻게 준비했어?

7. 경영 컨설팅과 투자은행 190
경영 컨설팅과 투자은행이란 무엇인가 | 대학 졸업생은 어떤 일을 하는가

8. 캠퍼스 활동 196

커리어를 고려한 활동을 하라 | 좋은 활동이 주어지지 않는다면 스스로 찾
아라 | 즐거운 활동도 필요하다

 폴쌤이 묻고 학생들이 답하다
봉사활동, 동아리, 인턴십, 아르바이트… 캠퍼스 활동, 어떻게 하
고 있어?

9. 대학생의 여름방학, 어떻게 보낼까? 215

여름방학을 성공적으로 보내는 두 가지 방법 | 나의 여름방학

10. 다시 대학생이 된다면… 220

토론팀 활동을 했더라면 | 스페인어를 계속 공부했더라면

PART 3 · 커리어 정복하기

1. 커리어를 고민하는 대학생에게 224

기술과 경험이 모든 것을 압도한다

2. 사멕앤드파늘 Samek & Faneuil : 보스턴 소규모 로펌 226

창의적으로 기회를 잡아라

3. CJ인터내셔널CJ International : 국제적인 한국 로펌 228
인맥은 기회를 열어준다

4. 광장Lee & Ko : 국제적인 한국 로펌 230
미래에 도움이 될 직업을 찾아라 | 경험자에게 조언을 구하라 | 목표 수정이 필요한 순간

5. 베인앤드컴퍼니Bain & Company : 경영 컨설팅 회사 235
국제적인 커리어를 쌓다 | 좋은 상사는 좋은 직업보다 중요하다 | 멘토와 협력자를 찾아라 | 커리어보다 중요한 것

6. JP모건체이스JP Morgan Chase : 월스트리트 금융사 242
전문적인 기술은 때로 학벌보다 중요하다 | 학위의 필요성을 절감한 순간

7. 컬럼비아 경영대학원Columbia Business School : MBA 245
경영대학원에서의 성공이란? | 고액 연봉과 삶의 질의 상관관계 | 장기적인 관점에서 커리어를 추구하라 | 좋은 회사를 알아보는 법

8. 일라이릴리앤드컴퍼니Eli Lilly & Company : 글로벌 제약회사 253
취업은 현실이다 | 기회가 많은 곳에 터를 잡아라

9. 존슨앤드존슨Johnson & Johnson : 글로벌 헬스케어 기업 256
모든 포지션이 중요하다 | 회사 내에서 인간관계 쌓기 | 먼저 자격을 갖춰라

10. 럿거스 로스쿨 Rutgers Law School - JD 261
커리어에 '보조배터리'가 필요한 이유

11. 와이어스 Wyeth : 제약회사 264
성과를 기회로 만드는 법 ㅣ 조직문화를 배우고 협력 관계를 형성하라

12. 바이오베일 Biovail : 특수 제약회사 268
작은 회사에 입사하는 것을 두려워하지 마라

13. 크림슨 셰르파 Crimson Sherpa : 대입 컨설팅 기업 270
커리어의 전환점 ㅣ 전업 대입 컨설턴트가 되다 ㅣ 크림슨 셰르파의 원칙들 ㅣ
대입 컨설턴트에서 평생의 멘토로 ㅣ 길을 열어주는 셰르파 '폴쌤'

에필로그 다시 새로운 산을 오르며
이 책에서 함께한 학생들

대입 타임라인

9학년
- 내신 성적을 유지하며 자신만의 학문적 관심사를 발전시키기
- 스포츠 활동, 봉사활동, 클럽활동 등 특별활동 꾸준히 이어가기

10학년
- 내신 성적 및 각종 활동 유지하기
- SAT, AP 준비 시작하기

11학년
- 추천서를 써줄 선생님 찾기
- SAT 점수 관리하며 AP 성적 유지하기
- 지망 대학에 대해 고민하고 마음속으로 후보군 좁혀가기

11학년 여름방학
- 지망하는 대학 견학하기
- 대입 에세이 주제 고르고 쓰기 시작하기

12학년 시작
- 공식적으로 교사 추천서 요청하기
- 대입 에세이 마무리
- GPA 관리하기

12학년 10월
- SAT 점수에 따라 마지막 시험 응시 고려하기
- 조기 지원(ED, EA) 지원서 준비

11월
- 조기 지원 마감
- 캘리포니아 주립대학들(UC 계열) 지원 마감

12월
- 일반 전형 지원 준비
- 조기 지원 결과 확인 시작

1월
- 일반 지원 마감
- 조기 지원(ED) II 마감

2월
조기 지원(ED) II 결과 확인

3월 중순~4월 초
- 대학 지원 결과 수령

5월 1일
- 합격한 대학에 입학 의사 확정

대입 전형은 학교마다 조금씩 다를 수 있기에 반드시 상세 일정을 확인하고 준수해야 한다.

PART 1

대입 정복하기

1

왜 아이비리그인가?

내가 하버드를 꿈꾼 이유

고등학교 시절 나의 목표는 아이비리그의 경쟁력 있는 대학교, 그중에서도 하버드 대학교에 입학하는 것이었다. 내가 했던 모든 것, 그러니까 수강한 수업과 특별활동, 봉사활동까지 모든 것이 하버드에 들어갈 가능성을 조금이라도 높이기 위한 것들이었다. 그렇게 하는 데 조금의 망설임도 없었다. 그만큼 나는 간절했으니까.

이유는 간단했다. 나는 미국의 주류 사회에 진입함으로써 부모님의 노력이 헛되지 않았음을 증명하고 싶었다. 부모님은 나와 내 동생에게 더 많은 기회를 열어주기 위해 한국에서의 중산층 생활을 포기하고 미국으로 왔다. 당시 나의 아버지는 한양대학교에서 공학을 전공한 후 한국도로공사에서 인정받으며 일했다. 어머니는 이화여자대학교에서 회계학을 공부한 후 고등학교 교사로 근무 중이었다. 이처럼 안정적인 삶을 희생한 부모님을 위해서라도 나는 그에 값하는 성과를 내고 싶었다.

목표가 있을 때 전심전력할 수 있다

하버드 합격 통지는 내게 학업적 성취의 절정을 의미했다. 당시 나는 뉴욕 시에 위치한 스타이브슨트 고등학교(Stuyvesant High School, 매년 3만 명의 지원자 중 약 800여 명만이 입학하는 명문 과학고등학교)에 다니고 있었다. 하버드라는 목표를 달성할 수 있는 '기회'가 주어진 셈이다. 나는 이 기회를 최대한 활용하고, 목표를 달성하는 데 모든 에너지를 집중하기로 결심했다.

이제 여러분은 내가 어떤 마음으로 대입의 목표를 품었

는지 이해했을 것이다. 여러분도 여러분 자신이 무엇을 원하는지, 왜 원하는지를 진지하게 자문해보고 한 번쯤 써보면 좋겠다. 목표가 분명할 때 사람은 전심전력할 수 있는 법이다. 식물에 비유하자면, 목표는 씨앗이자 토양이고, 물과 햇빛이다.

2

당신이 아이비리그를 꿈꿔야 하는 진짜 이유

열정을 엔진으로 삼아라

여러분은 어떤 이유로 아이비리그 혹은 그에 준하는 명문 대학에 입학하고자 하는가? 그저 '좋은 학교에 가고 싶어…' 혹은 '명문 대학에 가면 주변에서 좋게 봐주겠지?' 정도의 막연한 느낌만으로 대입을 준비하고 있지는 않은가? 만일 그렇다면 대입이라는 길고 힘든 길 위에서 어느 순간 지치고 맥이 빠질지도 모른다. 이번 챕터에서는 아이비리그 대학의 여러 특장점을 자세히 다루고자 한다. 이중 여러분 자신의 꿈이나 진로, 열정에 들어맞는 특성이 있는지 살펴보자. 내게 맞는 부분을 깊이 파고들다 보면 언젠가 강력한 '나만의 엔진'이 되어줄 것이다.

배움의 질이 다르다

대학은 학문의 전당인 만큼, 가장 먼저 '배움의 질'에 대해 이야기해야 할 것이다. 미국 북동부에 세워진 여덟 개 사립대학(하버드, 예일, 프린스턴, 컬럼비아, 펜실베이니아, 브라운, 다트머스, 코넬)을 묶어 흔히 '아이비리그'라 부른다. 이 아이비리그를 비롯해 그에 준하는 명문 종합대학 및 리버럴 아츠 컬리지(Liberal Arts College, 인문학 및 순수과학 분야를 중점적으로 가르치는 학부 중심의 대학)에는 유능한 교수와 강사들이 모여 있다. 다양한 분야에서 가장 존경받고 학식이 높은 교수들이 학부생을 가르치는 경우도 드물지 않다. 뿐만 아니라 이들 대학과 연계되어 있는 세계적인 연구자들의 실험실이나 연구팀에서 경험을 쌓을 수도 있다. 학부생으로서 저명한 리더들과 함께 연구하는 것은 다른 대학에서 쉽게 만날 수 없는 배움의 기회이자 탁월한 멘토링으로 작용할 것이다.

우수한 학생들 사이에서 성장하라

사회적 관계 역시 무시할 수 없는 요소다. '인맥'이라고 하면 흔히 친분을 통해 특권을 누리려는 것으로 오해한다. 그러나 이처럼 일차원적 목적에서 벗어나 생각해보자. '당신은 당신이 가장 많은 시간을 함께 보내는 다섯 사람의 평균이다'라는 말을 들어보았는가? 우리는 사회적 관계 속에서 주변 사람들의 사회적, 지적 특성을 받아들인다. 대학에서 보내는 몇 년은 사회로 나아가기 직전, 인격과 인생관을 형성하는 중요한 시기이다. 학문적으로나 사회적으로나 리더들 속에서 이처럼 중요한 시기를 보낸다는 것이 무엇을 의미하겠는가. 재능 있고 지적인 데다 야심차고 의욕적이며 창의적이고 문제해결 능력이 충만한 사람들 사이에서 지적, 사회적 기술을 더욱 예리하게 갈고닦는다면 몇 년 후 훌쩍 성장해 있지 않겠는가.

맛있는 양념갈비를 만들고자 하는 요리사의 입장이 되어 생각해보자. 제아무리 좋은 고기라 해도 양념장이 형편없다면 갈비 맛은 좋지 않을 것이다. 제법 괜찮은 고기를 아주 맛있는 양념장에 재운다면, 맛있는 갈비가 될 것이다. 그렇다면 최고의 양념장에 재운 최고 등급의 고기는 어떨까? 미슐랭이 기꺼이 별을 달아줄, 환상적인 갈비가 될 것이다. 즉, 당신이 최고의 인재 혹은 적어도 괜찮은 인재라면, 최고의 사회적 관계가 당신을 발전으로 이끌 것이다.

대학에서 형성한 좋은 관계는 졸업 후에도 꾸준히 이어진다. 사회의 각 분야에서 눈부시게 활약할 미래의 인재들과 룸메이트가 되고, 평생의 친구가 되는 것이다. 내가 하버드에서 함께 공부한 사람 중에는 미국의 대법관, 미국 상원의원, 미국 주 부지사, 세계적인 펀드 회사의 대표, 주요 로펌의 파트너 변호사, 하버드 교수, 의사, 대기업 중역 등이 두루 포함되어 있다. 통계 역시 이를 뒷받침한다. 역대 미국 대통령 45명 중 16명이 아이비리그 대학을 졸업했다(8명은 하버드, 5명은 예일, 3명은 컬럼비아, 2명은 프린스턴, 1명은 펜실베이니아 대학교). 하버드 대학교는 물리학, 화학, 의학, 경제학, 문학 등 다양한 분야에서 무려 161명의 노벨상 수상자를 배출했으며, 예일 대학교는 65명, 프린스턴 대학교는 69명, 코넬 대학교는 61명, 컬럼비아 대학교는 96명의 노벨상 수상자를 배출했다. 앞으로도 이 숫자는 계속 늘어날 것이다.

가성비를 고려하라

대학은 '비싸다'. 그러므로 비용 대비 가치(이른바 가성비)를 고려하지 않을 수 없다. 하버드의 2021-2022 등록금은 5만 5천 587달러이다. 이웃한 보스턴 대학교의 등록금은 5만 9천 816달러이다. 상위권 대학의 학비가 경쟁력이 낮은 대학과 같거나 오히려 낮은 것은 드문 일이 아니다. 경제적인 관점에서 보자면, 아이비리그 수준의 대학은 다른 대학보다 더 높은 비용 대비 가치를 가진다. 쉽게 말해, 혼다 어코드와 테슬라 모델 S의 가격이 동일하다면 당신은 어느 쪽을 선택하겠는가?

경쟁력 있는 대학일수록 더욱 다양한 경험의 기회를 보장한다는 점도 짚고 넘어가야 하겠다. 아이비리그 대학을 비롯한 상위권 대학에 가보면 미국 내 여러 주와 세계 각국에서 온 학생들이 많다는 것을 알 수 있다. 세상을 여행하고 다양한 사람들과 교류할 때 인생에 대한 관점이 바뀌듯, 문화적, 사회적, 경제적 배경이 다른 학생들과 대학 캠퍼스에서 함께 생활하고 공부하다 보면 자신의 세상이 얼마나 작았는지 깨닫고 시야가 트이는 경험을 할 것이다.

나 역시 그전까지는 상상조차 하지 못했던 다양한 사람들을 하버드에서 만났다. 뉴질랜드에서 자랐으며 '키위 억양'이 뚜렷한 중국인 대학원생, 홍콩에서 자랐으며 완벽한 영국식 영어를 구사하는 한국인 학생, 앨라배마에서 자라나 토종 남부 억양을 구사하는 동급생, 한국에서 태어나 백인 부모에게 입양되어 매사추세츠 교외에서 라크로스를 하며 성장한 한국말을 모르는 동급생, 한국에서 태어나 일본에서 자랐으며 어머니가 캐나다인과 재혼해 캐나다에서 대학을 다닌 대학원생, 냉동 피자 공장을 운영하는 아버지를 둔 캔자스 출신 한국계 미국인, 모르몬교 환경(유타 주 솔트레이크 시티)에서 개신교 신자로 자란 비교종교학에 정통한 한국계 미국인…. 아시아계 학생의 예만 들어보아도 끝이 없으며, 비非 아시아인 중에는 심지어 더욱 놀라운 사례가 많았다. 이처럼 다양한 사람들과 보내는 4년은 인생과 세상에 대한 나의 관점을 크게 바꾸어놓았다.

3

대학 입학사정위원회, 그들은 누구인가?

대학은 학교의 가치를 높여줄 학생을 원한다

대학 입학사정위원회Admissions Committee의 평가 기준을 파악하려면, 우선 입학사정관Admission Officer들이 어떤 상황에 놓여 있는지 알아야 한다. 그들이 자신에게 주어진 책임과 권한을 얼마나 무겁게 느끼고 있는지 이해할 때 비로소 효과적인 입시 준비를 할 수 있기 때문이다.

입학사정관들은 '최고의 신입생을 선발해야 한다'는 끊

임없는 압박을 받고 있다. 대학 총장이나 학생처장은 물론, 교수와 운동팀 코치, 동문회, 기업 채용 담당자에 이르기까지 각계각층의 기대가 이들의 어깨에 걸려 있다. 이에 따라 입학사정관은 다음 네 가지 기준을 충족하는 학생을 선발하는 데 주력한다.

입학사정관은 어떤 기준으로 학생을 평가하는가?

첫째, 입학사정관은 대학의 학업 요건을 충족하고 졸업할 역량이 있는 학생을 찾는다. 대학은 학생들을 교육하기 위해 상당한 자원을 투입한다. 하버드는 학생 한 명이 내는 등록금이 해당 학생을 교육하는 데 쓰이는 실제 비용의 50퍼센트밖에 되지 않는다고 언급한 바 있다. 이처럼 학생들에게 많은 투자를 하는 만큼 중퇴하여 귀중한 자원을 낭비하게 될 학생을 뽑고 싶지 않은 것은 지극히 당연하다. 또한 대학은 졸업 가능성이 높고 제때 졸업할 학생을 선발하려 하며, 매년 대학 순위를 발표하는 〈US 뉴스 앤드 월드 리포트u.s. News & World Report〉는 대학 졸업률 즉 6년 이내에 졸업하는 학생의 비율을 대학 순위를 결정하는 데 반영한다. 참고로, 2021-2022 전 세계 대학 순위 1위에서 5위까지를 살펴보면,

하버드, MIT, 프린스턴(미국), 케임브리지, 옥스퍼드(영국) 순이다.

둘째, 입학사정관은 대학 생활에 가치를 더해줄 학생을 찾는다. 학생 한 명이 강의실에서 보내는 시간은 평균 주중 15시간 남짓이다. 이는 학생들이 주중 시간의 90퍼센트 이상을 강의실 밖에서 서로 어울리고 배우면서 보낸다는 뜻이다. 그러므로 대학은 학생들이 서로서로 배울 수 있는 환경을 조성하려 한다. 따라서 입학사정위원회 역시 리더십과 깊은 열정, 다재다능함, 개인적인 성취 및 차별화된 역량을 갖추었음이 입증된 학생들을 선발하고자 한다.

셋째, 학교는 졸업 후 대학의 명예를 높여줄 학생을 원한다. 학교의 명성은 졸업생의 업적에 의해 만들어진다 해도 과언이 아니다. 따라서 입학사정위원회는 장차 성공할 가능성이 높은 학생을 선발하고자 한다. 특별활동을 통해 입증되는 학생의 시간 관리 능력, 면접에서 드러나는 준비성, 다양한 학업 성취를 통해 나타나는 지적 능력…. 위원회는 이 모든 것을 종합하여 학생이 가진 잠재력을 평가한다.

넷째, 입학사정관은 입학 기회가 주어졌을 때 실제로 입학할 가능성이 높은 학생을 원한다. '입학률' 즉 실제로 입학한 합격생의 비율이 대학 순위를 좌우하기 때문이다. 따라서 대학은 학생이 이 대학을 얼마나 잘 알고 있는지, 해당 대학에 다니고 싶어하는 명확한 이유가 무엇인지, 학생이 캠퍼스를 견학한 적이 있는지의 여부 등을 평가의 지표로 삼는다.

성적은 중요하지만, 성적이 전부는 아니다

사실상 입학 지원서에서 '가장 중요한 요소'라는 것은 없다. 이는 열 손가락이 모두 중요한 것과도 같다. 그럼에도 대부분의 사람들은 내신 성적 즉 GPA(Grade Point Average, 학점 평균)와 시험 점수를 제일 먼저 머릿속에 떠올릴 것이다. 사실, 성적은 해당 학생이 대학에서 요구하는 학업을 성공적으로 완수하고 무사히 졸업할 수 있음을 증명하는 평가의 근간이 된다. 하지만 우수한 학력을 보유한 학생이 많아짐에 따라, 이제 성적과 시험 점수의 영향력이 과거만큼 크지 않은 것도 사실이다. 하버드 학보인 〈하버드 가제트Harvard Gazette〉는 2009년 하버드에 지원한 3만 500명에 대한 다음과 같은 통계를 내놓았다.

- 3천 명 이상의 지원자가 'SAT Verbal section'에서 800점 만점을 받았다.
- 4천 100명이 'SAT Math section'에서 800점을 받았다.
- 3천 600여 명이 고등학교 수석 졸업생이었다.

당시 신입생 입학 정원이 약 2천 100명이었던 것을 고려하면, 소위 '완벽한' 점수를 보유한 수많은 학생들이 탈락했음을 짐작할 수 있다. 더군다나 하버드에 입학한 학생들의 실제 SAT 점수와 GPA 성적을 보면(연례 〈US 뉴스 앤드 월드 리포트〉 순위 참고), 대학은 분명 점수만을 근거로 학생을 선발하지 않는다. 성적은 중요하지만, 성적이 전부는 아니라는 이야기이다.

즉, 학업 외에도 에세이와 특별활동 이력, 추천서, 면접 및 캠퍼스 견학과 같은 지원 서류의 모든 요소에서 다른 학생과 차별화된 자신만의 가치를 '증명'해야 비로소 합격할 수 있다.

내신 관리하기

과목을 고를 때는 현실주의자가 되라

학업에 있어서는 '현실주의자'가 되라고 나는 종종 학생들에게 이야기한다. 나 또한 신중을 기해 과목을 골랐다. GPA는 대학 입학에 대단히 중요하며, 안정적으로 좋은 성적을 확보해야 하는 이유는 차고 넘친다. 따라서 나는 불필요한 스트레스를 주는 수업은 듣지 않기로 했다. 내가 조언하는, 수업을 선택하는 두 가지 원칙이 있다.

첫째, 자신 있는 과목을 선택하라. 나는 과학 과목에 약한 편이었고 스스로도 내 약점을 잘 알았다. 그래서 의도적으로 AP(Advanced Placement. 고등학교 수준을 넘어서는 학문적 깊이와 난이도를 가진 과목) 물리학과 화학, 생물학 과목은 피했다. 나는 이 과목들을 '일반' 수준에서 곧잘 했고 즐겁게 배웠지만, AP 수업을 듣는다면 일정 이상의 성적을 얻지는 못할 터였다. 대신, 감당할 수 있겠다 싶으면서도 나 자신을 차별화할 수 있는 수업들을 신중히 선택했다. 외국어에 집중한 것이다. 2년 동안 히브리어 수업을 듣기도 했는데, 당시 나는 스타이브슨트 고등학교에서 히브리어 수업을 들은 몇 안 되는 비유대인 학생이었다. 평소 선호하던 인문 계열 과목에 에너지를 집중한 것이다. "씹을 수 있는 이상으로 입에 넣지 말라"는 어른들의 말씀처럼, 감당하지 못할 수업은 듣지 말아야 한다.

선생님은 중요하다

둘째, 편하게 느껴지는 선생님의 수업을 선택하라. 물론, 언제나 그렇게 할 수는 없을 것이다. 시간표상 불편하게 느끼는 선생님이 가르치는 수업밖에 들을 수 없다면, 가능한 한 최선을 다해 임하는 수밖에. 나는 선택권이 주어지는 경우에 한하여 지나치게 가혹하게 채점하거나 극도로 어려운 시험을 내는 것으로 알려지지 않은 선생님과 공부하는 쪽을 선택했다. 내가 좋아하던 선생님 중 한 분은 화학을 가르치는 로드니 선생님이었다. 선생님은 모든 학생들이 학년말에 뉴욕 주 리전트 시험(New York State Regents Exam, 고등학교 졸업자격시험) 화학 과목에 응시해야 한다는 걸 알고 있었다. 로드니 선생님은 자신의 시험을 도구 삼아 리전트 시험을 치르는 데 필요한 역량을 길러주었다. 시험은 공정했으며 매우 철저했다. 나는 로드니 선생님의 수업에서 많은 것을 배웠고, 전 학년에 걸쳐 좋은 성적을 받았다.

물론, 위의 내용은 원하는 대로 교과 시간표를 바꿀 기회가 있다는 이상적인 상황을 기반으로 한다. 나는 남학생 수영팀의 선수이자 여학생 수영팀의 매니저로 활동하며 대회 출전을 위해 조퇴해야 하는 경우가 종종 있었다. 특별활동 때문에 교과 시간표를 바꿀 수 있을 땐 주저없이 내게 유리한 쪽을 선택했다.

특별활동은 왜 중요한가

입학사정관이 특별활동을 평가하는 이유

대학은 대단히 포괄적인 학습 경험이며, 앞서 언급했듯 교수진에게 배우는 시간은 그 일부에 지나지 않는다. 대학이 원하는, 학생들이 '강의실 밖에서'도 서로 가르치고 배우는 환경을 조성하려면 어떻게 해야 할까? 그렇다. 차별화된 경험을 가진 학생들로 입학 정원을 채워야 한다! 그러므로 지원자는 자신이 다른 학생들에게 영감을 줄 만한 고유한 경험과 재능을 보유하고 있음을 입학사정위원회에 증명해야 한

45

다. 예술적 재능도 좋고, 운동 능력이나 정치적 이상, 사업 능력 혹은 특별한 인생 경험도 좋다.

그렇다면 학생은 어떻게 이 같은 재능과 경험을 개발하는가? 교실 바깥에서의 노력 즉 특별활동Extracurricular Activities이 그 대답이 될 것이다. 고등학교에 다니는 동안 수업 외 시간을 보낸 방법은 해당 학생이 무엇을 중요하게 여기는지, 무엇에 열정을 품고 추구했는지 보여주는 일종의 지표가 된다. 대학이라는 환경에 놓인 학생은 자신이 추구해온 열정과 경험을 다른 학생들과 나눌 것이고, 자연히 대학 생활은 더욱 풍성해질 것이다. 이것이 입학사정관이 특별활동을 평가 대상으로 삼는 일차적인 이유이다.

입학사정관이 특별활동을 중요하게 보는 두 번째 이유는, 학생의 '시간 관리 능력'을 확인할 수 있기 때문이다. 대학은 학생 스스로 하루를 꾸려야 하는 자유분방한 환경이고, 입학사정관은 학생들이 24시간을 현명하고 효율적으로 활용함으로써 학업적 경험과 비非 학업적 경험을 최대한 얻기를 원한다. 주어진 시간 내에 여러 중요한 일을 처리하는 것은 누구에게나 힘들지만, 고등학교에 다니는 동안 성적도 관리하며 다양한 특별활동까지 두루 해낸 학생이라면 문제가 없을 것이다. 시간 관리 능력이 평가의 기준인 이유가 보이는가? 그렇다. 학생은 고등학교에 다니며 갈고닦은 자신만의 시간 관리 역량을 대학에 증명해야 한다.

대학 입학사정위원회는 중퇴하는 학생의 비율로도 평가받는다. 당연한 이야기이지만, 중퇴하는 학생이 적을수록 입학사정위원회가 더 성공적으로 학생을 선발했다고 볼 수 있다. 시간 관리에 실패해 대학을 떠나는 학생들을 입학시켰다는 것은 어느 대학에게나 매우 부끄러운 일이다. 게다가 학생 수 감소는 대학으로서는 자원의 낭비이기도 하다. 학생이 중퇴하더라도 대학은 그 학생에게 사용한 자원을 되찾을 수 없기 때문이다. 그러나 꾸준하고 헌신적으로 특별활동을 이어간 학생이라면, 만일 대학에서 힘든 일을 겪더라도 극복할 확률이 높다고 입학사정관은 생각한다. 다양한 활동을 짧게 한 학생보다 일련의 활동을 3, 4년 동안 꾸준히 지속한 학생들이 더 좋은 평가를 받는 이유이다.

특별활동 포트폴리오, 어떻게 구성해야 하는가

대학이 요구하는 특별활동에 '이상적인 개수'란 없다.

이것은 개인적인 문제이고 지원자에 따라 달라진다. 그럼에도 좋은 평가를 받는 특별활동 포트폴리오는 분명 존재한다.

　나는 이를 추수감사절 만찬에 빗대어 설명하곤 한다. 가족들과 함께하는 전통적인 추수감사절 만찬을 상상해보자. 큼직한 메인 요리 한두 가지와 다양하고 넉넉한 곁들임 요리가 상에 오른다면 그 만찬은 풍성하게 기억될 것이다. 메인 요리로는 주로 칠면조와 닭 또는 햄이 오르고, 여기에 옥수수, 고구마, 채소와 크랜베리 소스가 곁들여진다. 하지만 식탁에 칠면조 한 마리만 덩그러니 놓여 있다면 어떨까? 혹은 메인 요리는 없이 곁들임 요리만 잔뜩 있다면? 그 식사는 다소 특이하게 기억될 것이다. 대학 입학사정위원회 역시 같은 방식으로 지원자의 특별활동 포트폴리오를 평가한다. 즉, 메인 요리는 주요 특별활동Major Extracurricular Activities이, 곁들임 요리는 부차적인 특별활동Minor Extracurricular Activities이 될 것이다. 다시 말해, 대학에 지원하는 학생은 주요 특별활동과 부차적인 특별활동으로 이루어진 풍성한 만찬과도 같은 포트폴리오를 가지고 있어야 한다.

주요 특별활동과 학업 사이에서 균형 잡기

나는 수영팀과 교회 청소년부 활동으로 '주요 특별활동'을 구성했다. 높은 수준의 리더십과 책임감, 성과를 얻고자 노력했는데, 그중에서도 수영팀 활동이 내게는 의미가 컸다. 나는 고등학교 입학 전부터 수영 선수로 활동했기에 고등학교 수영팀에서도 잘해낼 수 있으리라는 자신감이 있었다. 스타이브슨트 고등학교 남학생 수영팀에 도전, 테스트를 통과하면서 수영팀의 주장이 되겠다고 마음 먹었다. 나는 이 목표에 전념했고, 연습과 수영 대회에 거의 빠지지 않았다. 내가 가장 재능 있는 수영 선수는 아니었겠지만, 내 위치를 지킬 수 있을 정도로는 해냈다. 수영팀에서 활동한 4년 내내 나는 계속 성장했다. 대표팀 신입 선발 자리를 따냈고, 12학년 때는 투표를 통해 공동 주장이 되었다. 노력이 결실을 이룬 것이다. 수영팀에 참여한 것은 분명 인생을 바꿀 만한 경험이었다. 시간 관리에 대한 귀중한 교훈을 얻은 것은 물론이다.

돌아보면 고등학교 시절은 교과서와 수영장 사이에서 균형을 유지하는 과정이었다. 나는 매일 약 2시간 동안 4.5킬로미터를 수영했고, 1시간 반 동안 대중교통을 이용해 귀가했다. 보통 저녁 8시경에 집에 도착했는데, 피곤해도 잠자리에 들거나 텔레비전을 보며 쉴 수는 없었다. 내게는 많은 양의 숙제와 시험 준비 과목이 한두 가지 있었고, 가족들과 저녁 식사도 함께해야 했다. 그걸 다 하고 나면 다음 날 아침 5시 30분에 일어나기 위해 일찍 잠자리에 들어야 했다. 이처럼 도전적인 시간 관리가 고등학교 4년 내내 이어졌다.

나는 활동의 우선순위를 정해 숙제, 시험 준비, 보고서 작성을 매우 효율적으로 하게 되었다. 매일 매 순간을 최대한 활용했다. 그렇게 되지 않을 수가 없었다! 기차는 물론 배와 버스에서 시험공부를 하고, 독서 숙제를 끝내고, 문제를 풀었다. 수영 대회에서도 시합이나 준비운동을 하지 않을 때면 관중석에서 숙제를 했다. 나는 시간을 생산적으로 썼으며 낭비하지 않기 위해 최선을 다했다. 매일의 목표는 집에 올 때까지 최소한의 숙제만을 남겨두는 것이었다.

부차적인 특별활동의 의미

주요 활동을 시작하기 전, 혹은 한 학년이 끝났을 때 주요 활동을 대신하기 위한 대체 활동으로도 기능하는 '부차적인 특별활동' 역시 중요하다. 이 같은 부차적인 특별활동은 학생이 다양한 과제를 관리할 수 있으며, 주요 특별활동에서 얻은 성과에 안주하지 않았음을 증명한다. 나는 빅 시블링 Big Sibling과 연극 대회인 싱SING, 학생회, 학교 신문부 활동을 했다. 그중에서도 가장 큰 보람을 느낀 스타이브슨트 고등학교의 빅 시블링 프로그램은, 9학년과 10학년 교실에 11학년과 12학년을 배치해 선배로서 후배들을 멘토링하는 활동이었다. 나는 '빅 시브Big Sib'가 되어 후배들이 겪는 문제를 해결하고 특별활동을 선택하는 일을 돕고, 각종 학업 프로그램에 대한 정보를 공유했다.

SAT 준비하기

SAT, 학원에서 공부해야 할까?

SAT(Scholastic Assessment Test, 미국의 표준화된 대학 입학 시험. 한국의 수학능력시험과 비슷한 역할을 한다)는 많은 학생들을 불안에 떨게 한다. 좋은 내신 성적을 확보한 학생이라면 더더욱 높은 SAT 점수를 얻고 싶을 것이다. 나 역시 그러한 이유로 상당한 스트레스를 받았다. 나는 집 근처의 동네 학원인 CCB 잉글리시 스쿨과 유명 학원에서 SAT를 준비했다.

10학년과 11학년 사이 여름은 CCB에서 공부하며 보냈다. 다가오는 가을, 겨울 수영 시즌을 준비하기 위해 틈나는 대로 지역 YMCA 센터에서 수영하기도 했다. 매일 CCB에 가서 수학 문제와 언어 문제를 풀었는데, CCB에서의 고되고 엄격한 생활에서 많은 도움을 얻었다. CCB는 SAT를 치를 때 필요한 기본적인 수학과 언어 능력을 길러주었다. 반면, 유명 학원은 문제 패턴을 확인하고 문제 푸는 요령을 집중적으로 가르쳤다. 이것도 효과가 있겠지만, 난도 높은 SAT 문제를 풀려면 문제 푸는 요령이 아니라 문제 해결 방법 자체를 익혀야 한다는 걸 나중에야 깨달았다.

유행에 따르는 대신 내게 맞는 공부법을 찾아라

나는 SAT II 영어와 수학 IIC(과거 SAT II 수학 시험은 시험 범위에 따라 IC와 IIC로 나뉘었으며, 지금은 SAT II 시험이 없어졌다) 시험을 준비하기 위해 유명 학원에 다니면서 많은 돈을 썼다, 아니… 낭비했다고 하는 편이 옳을지도 모르겠다. 유명 학원에 다니는 것은 학교 친구들 사이에서 늘 인기였다. 지금 생각해보면 그 과목들 역시 스스로 공부하는 게 옳았다. 성적은 하루아침에 나오는 것이 아니기에 유행에 따르고 싶은 조바심도 들고 유명 학원에서 공부하라는 주변의 압박도 상당할 것이다. 그러나 자신에게 맞는 공부법이 무엇인지 파악하는 게 먼저다. 자신의 공부법과 직감을 믿고 꾸준히 나아가는 게 중요하다.

여름방학 보내기

여름방학은 기회다!

고등학생은 학교가 정한 일정에 따라 시간을 보낸다. 여름방학은 그런 고등학생이 스스로 자신의 활동을 계획하고 목표를 세우는 좋은 기회이다. 이를 통해 자율성을 기를 수 있고, 훗날 자신의 자율성과 독립성을 대학에 증명할 수도 있기 때문이다. 나는 내 목표였던 하버드 대학교를 비롯해 경쟁력 있는 대학에 들어가는 데 도움이 될 만한 여름방학 활동을 공들여 선택했다.

9학년을 마치고는 수영 실력 향상을 위해 YMCA 수영 캠프에서 여름을 보냈다. 캠프에 참여함으로써 수영팀에 더 많이 기여할 수 있고, 장차 주장이 될 수 있겠다고 생각했다. 주장이 된다면 대학에 지원할 때 특별활동 이력 또한 더욱 돋보일 것이었다. 물론, 단지 그 이유로 캠프에 참여한 것은 아니다. 나는 예전에 함께했던 낸시 코치님과 수영할 기회를 놓치고 싶지 않았다. 중학교 때 나는 플러싱 YMCA의 낸시 코치님 팀에서 수영을 했다. 여기서 수영 선수로서의 재능을 처음 발견했지만, 스타이브슨트에 입학하는 '대가'로 아쉽게도 그만두어야 했다. 예전 코치에게 다시 지도를 받으며 수영하는 것은 내게 큰 의미가 있었다. 기본기를 강조하는 낸시 코치님은 내게 꼭 필요한 능력을 일깨워주었고, 나를 속도와 인내력을 갖춘 수영 선수로 성장시켰다.

10학년을 마치고는 SAT를 준비하기 위해 CCB 잉글리시 스쿨 여름 학기를 다녔다. SAT, SAT, SAT! 당시 나는 SAT만 생각하면 숨이 막힐 것 같았다. 무슨 일이 있어도 잘 봐야 한다는 압박감이 상당했다. 여름방학 내내 시험 준비에 매달리는 한이 있더라도 무엇이든 할 참이었다. SAT 시험공부를 하는 것 외에도, 수영팀 훈련을 따라가기 위해 플러싱 YMCA에서 수영 연습도 했다.

조지타운 여름 프로그램

12학년이 되기 전 여름에는 조지타운 대학교Georgetown University의 고등학생을 대상으로 한 여름 프로그램에 참가했다. 하버드 여름학교에도 가고 싶었지만 이건 내가 선택할 수 있는 게 아니었다. 부모님의 재정에는 한계가 있었다. 우리 집은 하버드, 예일, 브라운, 코넬 같은 아이비리그 여름 프로그램 참가비를 감당할 수 없었다. 그래서 적당한(절반) 비용의 상위권 대학교 여름 프로그램을 찾아 나섰다.

조지타운 프로그램은 좋은 경험이었다. 그곳에서 국제관계학 수업을 들었고, 그게 내 첫 번째 대학 수업 경험이었다. 처음에는 긴 독서 과제에 적응하지 못해 뒤처지기도 했고, 중간고사도 잘 보지 못했다. 교훈을 얻은 나는 본격적으로 공부를 했고, 기말고사를 잘 치러 좋은 성적으로 여름 프로그램을 마쳤다. 조지타운 프로그램은 대학 수준의 수업을 경험할 기회였고, 내가 대학 수준의 학업을 해낼 수 있음을 증명하는 근거가 되었다.

여름방학, 어떻게 보내야 할까?

앞서 언급했듯 여름방학은 좋은 기회이고, 이 기간을 어떻게 보내느냐에 따라 남은 대입 과정이 달라질 수 있다. 대학에 다니는 학생들과 졸업생들에게 여름방학을 어떻게 보냈는지, 그 기회를 어떻게 찾았는지, 여름방학 경험을 통해 무엇을 얻었는지 물어보았다.

▼ 고등학교 3학년이 되기 전 여름, 나는 법의학을 향한 열정을 키워보기로 결심하고 지역 교도소에 인턴십 지원을 했다. 평소 법의학에 매력을 느꼈지만, 고등학생인 내가 이 분야에서 경험을 쌓을 수 있을 거라고는 생각하지 못했었다. 지역 교도소에는 공식적인 인턴십 프로그램이 없었기 때문에 지원 절차도 쉽지 않았다. 실제로 여러 번 연락했음에도 이렇다 할 답을 받지 못했다. 폴 선생님은 내게 끈질기게 노력해보라고 격려하며, 지문 감식 부서에 연결될 때까지 밀어붙이라고 했다. 나는 그 과정에서 끈기의 힘을 배웠고, 실제 인턴

십을 수행하면서는 이 업무가 얼마나 꾸준한 헌신을 요구하는지도 깨닫게 되었다.

_애니 김(Annie Kim), 듀크 대학교 2009년 졸업

♥ 9학년 때 나는 학교 라크로스팀에 들어가기로 했다. 이때까지만 해도 라크로스가 내 인생에서 이토록 중요한 부분을 차지하게 될 줄은 몰랐다. 그전에 축구를 했던 경험을 바탕으로 나는 빠르게 대표팀에 합류했고 결국 팀 주장으로 발탁되었다. 하지만 고등학교 팀이 속한 리그는 상대적으로 규모가 작았기 때문에 여름방학 동안 한국 라크로스 국가대표팀에 도전하기로 결심했다. 혹독한 훈련 끝에 대표팀에 발탁된 나는 2017 여자 라크로스 월드컵에 출전하기 위해 영국으로 떠났다!

고국을 대표해 경기를 뛴 것은 정말이지 놀라운 경험이었다. 그중에서도 팀원들과 함께 나눈 소소한 순간들이 가장 소중한 기억으로 남았다. 나는 성장 배경이 전혀 다른 팀원들과 친밀하게 협력하는 방법을 배웠다. 팀원들 대부분이 30대였고 영어를 구사하지 않았기에 언어 장벽이 있었다. 또한 문화적, 세대적 차이로 인해 형성된 일종의 위계질서는 선수들의 마음을 하나로 모으는 데 방해가 되었다. 하지만

그 과정에서 인내심을 갖고 이해하는 법을 배웠다. 시간이 흐르면서 나는 팀원들과 평생의 유대감을 형성했고, 당연히 경기력도 향상되었다.

돌아보면 라크로스 선수로 뛴 경험은 팀을 이루어 효과적으로 일하는 방법을 가르쳐주었다. 이는 의사를 꿈꾸는 학생에게 꼭 필요한 능력인데, 장차 간호사와 약사, 사회복지사 등 여러 분야의 전문가들과 협력해야 하기 때문이다. 만일 다양한 배경을 가진 사람들과 긴밀히 협력할 수 있는 기회가 있다면 꼭 참여해보라고 이 글을 읽는 후배들에게 권하고 싶다.

_율리아 리(Yulia Lee), 밴더빌트 대학교 2021년 졸업

❤ 고등학교 시절 토론에 열심이었던 나는 베트남 대표팀과 함께 세계학생토론선수권대회에 출전하며 네 번의 여름방학을 보냈다. 이 경험을 통해 토론에서 많은 성취를 거두었을 뿐만 아니라 연설 기술을 연마하고 논쟁적인 이슈를 조사하는 연습을 했으며 팀원들에게 많은 것을 배웠다. 대학 지원과 관련해서는 나만의 스토리를 구성하는 데 도움이 되는 에피소드를 충분히 얻었다.

의미 있는 여름을 보내는 방법은 저마다 다양할 것이다.

나는 후배들에게 딱 두 가지만 이야기하고 싶다. 첫째, 준비할수록 더 많은 기회가 열린다는 것. 가능한 한 빨리 구체적인 계획을 세우는 것이 좋다. 둘째, 이 여름방학을 통해 자신을 어떻게 표현하고 싶은지 어느 정도 명확한 아이디어를 가지고 계획을 세우라는 것. 다시 말해, 이 경험으로 어떤 개인적인 스토리를 만들 것인지 스스로 묻고 실행한다면 대입 과정에서도 도움이 될 것이다.

_김정하(Jeongha Kim), 펜실베이니아 대학교 2026년 졸업 예정

♥ 나는 고등학교 여름방학을 대부분 토론에 대한 나의 열정에 쏟았다. 나는 당시의 정치적 이슈에 깊은 관심을 갖고 있었고, 이 같은 관심을 추구할 수 있는 최고의 기회를 노리며 여름방학을 계획했다.

내가 한국의 고등학교에 다니면서도 국내외 토론 토너먼트 대회에 참가할 기회를 놓치지 않은 건 부모님과 선생님, 멘토들의 격려 덕분이었다. 선생님과 멘토들의 귀중한 코칭을 받고 부모님의 독려에 힘입은 덕분에 나는 안주하던 태도를 버리고 '내가 감히 지원할 수 있을까' 싶었던 규모의 토너먼트에도 참가할 수 있었다.

토론 대회를 통해 설득력 있는 주장을 구성하고 복잡한

주제를 조사하며 동료들과 효과적으로 소통하는 능력 등 많은 것을 배웠다. 나는 이 기술을 대학에서의 글쓰기와 네트워킹, 심지어 취업 면접에서도 발휘함으로써 나 자신이 비판적인 사고를 가진 인재임을 증명했다. 하지만 그것이 다가 아니었다. 토론을 통해 나 자신이 경청할 만한 생각을 갖고 있다는 자신감을 갖게 되었고, 살아가는 데 꼭 필요한 회복탄력성을 얻었다. 또한 팀을 꾸려 토론 대회에 참여하면서 지금까지도 연락을 주고받는 절친한 친구들을 사귈 수 있었다.

나는 토론 대회에 참여한 것이 대학 입학에 절대적으로 도움이 되었다고 생각한다. 상을 수상하고 추천서를 써준 멘토를 얻은 것도 당연히 도움이 되었지만, 무엇보다도 내가 열정을 가진 프로젝트를 위해 시간과 노력을 투자할 수 있는 근성 있는 학생임을 보여줄 수 있었다.

지금 대학 지원서를 준비하는 학생이라면, 자신만의 열정과 관심사를 파악하고 그것을 추구할 기회를 찾으면 좋겠다. 꼭 토론을 하라는 의미가 아니다. 내게 있어서는 토론이었지만, 남들에게는 예술이나 스포츠, 글쓰기가 될 수도 있다. 내가 토론에 열정을 쏟고 많은 시간을 할애할 수 있었던 것은 토론을 진정으로 사랑했기 때문이다. 이것이 내가 토론을 잘 할 수 있었던 이유이다. 단순히 목록을 채우려고, 혹은 외부의 기대에 부응하려고 하는 활동은 행복하지 않을 뿐만 아니라 잘하기도 쉽지 않다고 나는 생각한다.

_익명, 스탠퍼드 대학교 2022년 졸업

▼ 여름방학은 자신의 관심사와 우선순위를 발견하며 재충전할 수 있는 아주 중요한 시간이다. 꼭 학업에 매진해야 하는 것은 아니라고 생각한다. 캠프 상담교사부터 연구 보조에 이르기까지 다양한 활동을 통해 자신의 열정을 발견할 수 있으니 말이다.

일을 해보면 인맥을 쌓을 수 있을 뿐만 아니라 해당 분야의 장단점을 직접 체험할 수 있어서 좋다. 어떤 사람은 출퇴근 시간이 정해진 일을 좋아하는가 하면 캠프에서 일하면서 즉흥적인 모험을 즐기는 사람도 있다. 아이들과 함께 일하며 보람을 느끼는 사람이 있는가 하면 전문가로 구성된 팀에서 일하며 얻는 업무 경험을 즐기는 사람도 있다. 이렇게 여름방학 동안 발견한 자신만의 열정은 대학과 전공을 결정하는 데 도움이 된다.

새로운 취미를 시도하거나 오래된 취미를 발전시켜 건강한 방식으로 스트레스를 해소하는 것도 좋겠다. 일단 대학에 들어가면 학업과 경쟁에 휩쓸리고 지치기도 쉽다. 초

기에 건강한 스트레스 대처법을 개발해두면 평생 큰 도움이
될 것이다.

_엘리 한(Ellie Han), 밴더빌트 대학교 2024년 졸업 예정

▼ 나는 내가 가진 강점을 발전시키는 데 집중하는, 생산적인
여름방학을 보냈다. 우선, 주전 테니스 선수로서 경쟁력을
유지하기 위해 여름마다 지속적인 훈련을 했다. 그 결과 1학
년 때 복식 선수로 출발해 단식 선수로, 주장으로, 최종적으
로는 12학년 때 KAIAC(아시아 국제학교 대회) 챔피언에 오르
는 등 성과를 거두었다.

지원서에 한 줄을 추가할 목적으로 새로운 활동을 시작
하고 싶지는 않았다. 어디까지나 자연스럽게 새로운 활동과
모험에 뛰어들고자 했고, 이는 기존 활동의 연장선상에 있는
경우가 많았다. 예를 들어, 나는 이전에 중단했던 디지털 미
디어 수업을 여름방학 동안 학생 주도 동아리로 재개했다.
오랫동안 디지털 미디어 수업을 들어왔기 때문에 이 활동을
하는 것이 무척 자연스럽게 느껴졌다.

생산적인 여름방학은 분명 대학 입학에 도움이 된다. 여
름방학은 학업에 대한 부담을 갖지 않으면서도 실력을 향상
시킬 수 있는 가장 좋은 시기이다. 또한 많은 대학에서 여름

방학을 어떻게 보냈는지 명시적으로 묻기 때문에 자신만의 스토리를 뒷받침할 수 있는 활동을 한다면 더욱 좋을 것이다.

_애슐리 구(Ashley Koo), 코넬 대학교 2024년 졸업 예정

▼ 나는 관심 분야를 연마하고 취약한 부분을 개선하는 여름 방학을 보냈다. 예를 들면, 사회적 기업에 집중하여 코넬 대학교의 여름 캠프에 참가했다. SAT를 준비하는 데에도 시간을 할애했다.

학기 중에 사회적 기업 기금 마련을 위한 푸드트럭을 운영하면서 사회적 기업가 활동과 연관되는 여름방학 계획을 세우도록 도와준 폴 선생님을 만난 것은 행운이었다. 여름 캠프에 참여하면서 사회적 기업에 대한 나의 관심은 더욱 깊어졌다. 이처럼 개인적이고 구체적인 사례를 통해 나의 경험을 대학에 증명하는 한편 대입 에세이와 면접에도 무게를 더할 수 있었다고 생각한다.

지금 대입을 준비하는 학생이라면, 가능한 한 빨리 자신의 관심 분야를 파악하고 가능한 한 오래 지속하는 것이 좋겠다. 성과가 쌓일수록 보다 설득력 있는 내러티브를 형성할 수 있기 때문이다.

_오영준(Youngjun Oh), 조지타운 대학교 2019년 졸업

♥ 나는 고등학교 여름방학을 보람차게 보내고 싶었다. 1학년 여름에는 아르바이트를 하던 커피숍과 SAT 공부를 돕는 사설 교육 기관인 '학원'을 오가며 공부했다. 솔직히 말해, 학원에 간 것은 내 의지에 반하는 일이었고, 결과적으로도 시간 낭비였다고 생각한다. 평소 영화에 관심이 많았기에 그다음 여름에는 영화 제작사에서 인턴으로 일했다. 그곳에서 사무실 환경과 업무 문화를 배우고 영화 산업에 대한 통찰을 얻을 수 있었다. 지난여름에는 시나리오 집필을 위한 여름 캠프에 참가해 매일 워크숍에서 글쓰기 연습을 하며 미국 대학의 경험을 맛보았다. 두 번째와 세 번째 여름은 대입 과정에서도 효과적으로 작용했던 것 같다. 모든 경험은 나를 어떤 식으로든 성장하게 했고, 대입뿐만 아니라 삶 전반에 있어서도 더 나은 나를 만나게 해주었다.

_제니퍼 김(Jennifer Kim), 노스웨스턴 대학교 2024년 졸업 예정

♥ 나는 평소 사회적 기업에 깊은 관심을 갖고 있었고, 이를 내 대학 지원서의 중심 주제로 생각해둔 터였다. 이에 사회적 기업에 관련된 일을 하며 여름방학을 보냈다. 10학년 여름에는 스탠퍼드에서 열린 사회적 기업가 정신 캠프에 참가했고, 11학년 여름에는 도미니카공화국의 사회적 기업/비영

리 단체에서 자원봉사를 했다. 멘토인 폴 선생님이 여름 캠프를 찾는 데 도움을 주었고, 추수감사절 방학 봉사 여행에서 일한 적이 있는 사회적 기업을 선택하게 되었다.

솔직히 말하자면, 사회적 기업에 대해 배우면서 보낸 여름은 그 일이 나와 맞지 않다는 걸 확인하는 시간이 되었다. 하지만 아쉬움은 없다. 그 시간이 아니었다면 내 관심사를 너무 늦게 깨달았을 것이다. 대학 지원서에 쓸 내용도 여전히 풍부했다. 학교별 에세이, 특히 펜실베이니아 대학교나 미시간 대학교와 같은 경영대학의 에세이는 내가 지속해온 활동에 초점을 맞추어 작성했다.

_아론 한(Aaron Han), 스탠퍼드 대학교 2023년 이학 석사, 2022년 이학 학사

▼ 고등학교 여름방학 동안 나는 대학에서 여는 여름 프로그램 수업을 듣고, 블로그를 만들고 업데이트했으며, 음악을 연주하는 영상을 소셜 미디어에 업로드하는 등 다양한 활동을 했다. 철학에 대해 공부하고 음악을 연주하는 것을 즐기는 나의 열정과 일치했기에 선택한 활동이었다. 여름방학 동안 몇 가지 관심 분야에 집중함으로써 지원서를 효과적으로 정리했고, 입학사정관에게 내가 교실 밖에서도 열정을 추구할 수 있는 학생임을 보여줄 수 있었다.

나는 여름방학 동안 쌓은 경험이 대학 입시에 좋은 영향을 주었다고 생각한다. 나의 다양한 경험은 무엇보다도 나 자신이 열정을 갖고 적극적으로 실천하는 학생임을 뚜렷이 보여준다.

_익명, 펜실베이니아 대학교 2027년 졸업 예정

🔻 나는 여름방학을 나의 창의성을 표현하는 기회로 삼았다. 졸업반이 되기 전 여름에는 인디 팝 앨범을 작곡하고 프로듀싱하면서 음악에 대한 열정을 마음껏 발산했다. 이 같은 여름방학 동안의 노력이 대입 지원서를 강화하는 데 큰 역할을 했다고 생각한다. 대입을 앞둔 학생이라면, 여름방학 동안 학업과 함께 예술적 관심사를 지속적으로 추구해보라고 적극 권하고 싶다.

_줄리 정(Julie Chung), 브라운 대학교 2026년 졸업 예정

고등학생을 대상으로 한 다양한 여름 캠프

하버드 대학교 프리 컬리지 Harvard Pre-College Program
하버드 대학의 교수진이 진행하는 수업을 들으며 학업적인 도전을 경험할 수 있는 2주간의 비학점 프로그램.

스탠퍼드 대학교 여름학교 Stanford Pre-Collegiate Summer Institutes
학문적인 능력을 키울 수 있도록 다양한 주제의 과정을 제공하는 여름방학 프로그램.

MIT 론치XMIT LaunchX
고등학생을 대상으로 하는 창업 교육 프로그램. MIT 교수진과 전문가 멘토들이 비즈니스 모델 개발부터 마케팅 전략, 재무 등을 교육한다.

펜실베이니아 대학교 프리 컬리지UPenn Pre-College
대학 캠퍼스에서 생활하며 대학 수준의 수업을 듣고 학점도 얻을 수 있는 프로그램.

코넬 대학교 여름 대학 Cornell Summer College
전 세계에서 온 고등학생들에게 다양한 학문 분야를 심도 있게 지도하는 3주 또는 6주간의 프로그램.

조지타운 대학교 여름학교Hoya Summer High School Sessions
캠퍼스에서 범죄과학, 정치, 창의적 글쓰기 등 다양한 주제를 배우는 1주에서 8주까지의 프로그램.

듀크 대학교 프리 컬리지Duke Pre-College Programs
체험 학습과 학문적 경험을 제공하는 프로그램. 듀크 대학교의 교수진과 연구원, 전문가들을 만나 교류할 수 있다.

컬럼비아 대학교 프리 컬리지Columbia Pre-College Programs
학업과 캠퍼스 활동은 물론 도시 곳곳을 탐방하며 뉴욕의 예술과 문화를 체험할 수 있는 프로그램.

노스웨스턴 대학교 여름학교Northwestern Pre-College Summer Programs
다양한 주제 중 원하는 과정을 선택하여 학점이나 증명서를 취득할 수 있다. 대학 지원 과정을 위한 명확한 계획을 세우는 데에도 유용한 프로그램.

USC 프리 컬리지USC Pre-College Courses
4주 동안 학업과 캠퍼스 활동을 균형 있게 체험할 수 있고, 대학 학점도 취득할 수 있는 프로그램. 강의를 비롯해 실습 및 워크숍, 명사 초청 강연 등이 마련되어 있다.

NYU 프리 컬리지NYU Precollege
교수 및 다른 고등학생들과 교류하며 학문적 관심사를 탐험하는 등 대학 생활을 체험하고 학점도 얻을 수 있다. NYU에는 프리 컬리지 외에도 학업부터 커리어까지 다양한 분야의 프로그램이 많으니 참고하자.

8

아르바이트와 인턴십

일이 우리에게 가르쳐주는 것들

　　고등학생은 다양한 파트타임 일자리(일명 아르바이트)를
경험할 수 있다. 여기에는 식당 서빙이나 배달 같은 서비스
직부터 은행과 기업의 인턴, 사무 보조, 판매 영업직, 건설 현
장 및 농장, 공장 생산직 등 육체노동이 두루 포함된다. 나는
학생들에게 아르바이트를 경험할 것을 적극적으로 권한다.
어떤 일을 선택하든 돈을 벌고 관리하는 법을 배우는 소중한
시간이 될 것이다.

나 역시 고등학교에 다니는 동안 로어 맨해튼에 있는 세탁소에서 파트타임 배달부로 일하곤 했다. 방과 후에 드라이클리닝한 옷을 손님들에게 가져다주는 일이었다. 초등학교와 중학교에 다니면서는 동네 수영 클럽에서 태닝 매트와 파라솔, 포커 테이블과 의자를 나르는 '카바나 보이'로 일했다. 그곳에서 팁을 받아 용돈을 벌었다. 이민자였던 우리 가족은, 부모님께서 최선을 다하셨음에도 사치를 부릴 재정적인 여유가 없었기 때문에 여름 수영 활동을 위해 나는 일을 해야만 했다.

돈은 스승이다

돌아보면 아르바이트를 한 것이 정말 다행스럽다. 입학사정위원회는 학생들이 특권만을 누리며 자란 게 아니라, '현실 세계'를 경험했다는 사실을 확인하고 싶어한다. 대학 졸업 전까지 부모님의 그늘에서 살아온 학생들은 사회로 나아갈 때 허둥댈 수밖에 없다. 그래서 대학 입학사정관은 대학 입학 전에 학생이 이른바 '블루 칼라' 일을 경험한 적이 있는지 본다. 스스로 돈을 번다는 게 어떤 것인지 알고 있는지, 삶에 대한 성숙한 관점을 가졌는지 보고 싶은 것이다.

꼭 입시를 위해서가 아니더라도, 일과 돈을 경험하는 것은 중요하다. 나 역시 아르바이트를 하며 '돈이란 세상을 돌아가게 하는 것이구나' 하고 깨달았다. 얼마나 많은 교육을 받았든, 어디에 살든, 직업이 무엇이든 상관없이 우리는 돈이 필요하다. 돈은 의식주를 해결하는 수단이자 삶의 모든 측면에 영향을 미치는 강력한 힘이다. 돈을 버는 법과 재정을 관리하는 법을 배우지 않는다면, 우리는 결국 돈에 지배당하고 돈을 위해 살게 될 것이다. 돈을 잘못 관리해 신용에 어려움이 생기는 경우는 또 어떤가. 잘못 관리된 신용은 훗날 차를 사거나 주택 구입을 위해 대출을 받는 등 '어른으로 살아가는 일'에 심각한 장애물이 된다. 나는 다행히도 그것을 일찍 깨달았고, 대입에도 좋은 영향이 있었다고 생각한다.

아르바이트, 해봤어?

고등학생 시절에 하는 파트타임(한국에선 흔히 아르바이트라고 부른다)
일은 평생 다시 할 수 없는 경험이다. 지금 대학에 다니는 학생들과 졸업생
들에게 아르바이트 경험에 대해 물었다. 언제, 어떤 일을 했는지, 일을 하
고 돈을 버는(간혹 무급 자리도 있지만) 경험을 통해 무엇을 배웠는지, 그
경험이 오늘날의 자신에게 어떤 의미가 되었는지 들어보자.

▼ 고등학교 시절, 나는 일식당에서 서버로 일했다. 미소로
손님을 맞이하고, 빠르고 정확하게 식사를 날랐다. 돌아보면
이 경험이 어떤 교과서보다도 더, 여러 면에서 나를 어른으
로 성장하게 했다. 다섯 개의 뜨거운 접시를 동시에 다루는
법뿐만 아니라, 방문하는 손님들과 정중한 우정을 유지하는
법도 배웠으니까.

　레스토랑에서 일한 네 번의 여름 동안 독특한 사연을 가
진 다양한 사람들을 만났는데, 그 사연들을 엮으면 책 한 권
이 되고도 남을 것 같았다. 나는 그렇게 긴 일과를 마치고 따

뜻한 라멘 한 그릇으로 몸과 마음을 달래던 동네 목사님, 재봉사, 택배 기사들과 친구가 되었다. 길 건너 한식당에 일식을 대접하고 전통 한식을 대접받기도 했는데, 이것은 나중에 일종의 전통이 되었다! 나이와 인종, 성별에 상관없이 모든 사람은 자신만의 이야기를 품고 있었고, 이는 훗날 내가 세상을 바라보는 방식을 형성했다. 시장의 수선집이나 외국인 교회는 그저 스쳐 지나는 곳이 아니라 내 친구들이 일하고 살아가는 터전이었다. 일을 하는 것은 단지 금전적 이득이나 지원서에 한 줄을 더하기 위한 것이 아니라, 지역사회의 사람들과 연결되어 이야기를 듣는 과정이라는 것을 나는 배웠다.

솔트레이크시티의 작은 식당에 들어오는 손님들과 친구가 될 수 있었던 그 시간에 감사한다. 사장과 동료, 손님을 존중하면서도 우정을 쌓을 수 있었던 덕분에 대학생이 되어서도 자신감을 갖고 교수님과 동기, 교직원들과 소통하게 되었다.

_엘리 한(Ellie Han), 밴더빌트 대학교 2024년 졸업 예정

🛡 나는 두 번의 여름방학 동안 동네 체육관에서 아르바이트를 했다. 총 3개월 정도 일한 것 같다. 처음에는 체육관 장비

와 화장실, 창문을 청소하는 일과 '오픈조'로서 체육관을 여는 업무 등을 맡았다. 경험이 쌓이면서 판매 관리나 잠재 고객을 대상으로 한 마케팅 등 비즈니스와 관련된 업무도 맡게 되었다.

처음에는 장갑 하나만 갖고 막힌 변기를 뚫는 등 어려움이 많았다. 다행히 다른 직원들의 많은 도움을 받았다. 시간이 지나면서 나는 점점 능숙해졌고 동료들과도 친해졌다.

일을 하며 얼마나 많은 사람들이 보이지 않는 곳에서 열심히 일하고 있는지 깨달았다. 체육관을 최고의 상태로 유지하기 위해 매일 청소부가 쏟는 노력을 알고 나니, 사회 곳곳의 보이지 않는 곳에서 들이는 시간과 정성이 비로소 이 세상을 돌아가게 한다는 것을 깨닫고 감사하는 마음을 갖게 되었다.

지원서를 풍부하게 만들 수 있는 방법을 고민하는 고등학생이라면 아르바이트를 해보는 것을 추천한다. 아르바이트를 통해 나는 세상의 이치를 조금이나마 알게 되었고, 여러분도 그럴 것이라 생각한다.

_익명, 펜실베이니아 대학교 2027년 졸업 예정

♥ 나는 고등학교 4년 동안 여름방학마다 한국의 한 카페에

서 일을 했다. 돈을 벌어서 경제적으로 독립하고 싶은 마음도 있었던 것 같다. 집안의 막내딸로서 원하는 것을 손쉽게 손에 넣으며 다소 천진난만하게 자란 내게 이 일은 인생에서 가장 중요한 배움의 기회가 되었다. 이런 나를 오빠는 종종 '무능하다'며 놀려대곤 했는데, 그럴 때마다 내가 이미 가진 것들이 부끄럽게 느껴지기도 했다. 일하며 네 번의 여름을 보낸 후, 나를 도전하게 해주고 익숙한 안전지대를 벗어나게 해준 오빠에게 고마운 마음마저 들었다.

사회라는 현실에 부딪히며 많은 어려움을 겪었다. 술 취한 손님, 밤늦게 방문한 어르신들, 다른 음료를 주문했다고 우기는 손님… 무례한 사람들도 많았다. 모든 것이 처음이었기에 모든 것이 힘들었고, 평범한 10대라면 알 법한 사소한 문제에서도 어려움을 겪었다. 예를 들어, 부모님의 도움으로 늘 편하게 이동하던 내가 혼자 대중교통 이용하는 법을 배운 것이다. 극도로 내성적이었던 내게 아르바이트는 일종의 사회성 훈련과도 같았다.

지금 나는 대학에서 저널리즘을 전공하고 있다. 일을 하며 내가 살아온 거품 바깥의 세상이 어떤지, 사람들이 얼마나 잔인해질 수 있는지, 돈이 얼마나 소중한지 배웠고 내가 얼마나 특권을 누려왔는지도 알 수 있었다.

_제니퍼 김(Jennifer Kim), 노스웨스턴 대학교 2024년 졸업 예정

♥ 12학년이 되기 전 여름, 서울의 한 소극장에서 음향 및 조명 엔지니어로 일했다. 극장이 워낙 작고 직원도 적었기 때문에 엔지니어 업무 외에도 티켓 배부와 관객 안내, 막을 열고 닫는 일까지 도맡아야 했다. 여름 내내 하루 여덟 시간씩 교대 근무를 하는 것은 매우 힘들었다. 하지만 평소 연극과 무대 세트, 음향 디자인에 깊은 관심을 갖고 있었기에 장비를 다루는 일은 소중한 경험이었다. 또한 다양한 배경을 가진 동료들과 이야기를 나누면서 더욱 다양한 시각으로 세상을 바라볼 수 있게 되었다. 연구팀에서의 인턴십만큼 영광스럽지 않더라도, 크고 작은 업무 경험은 우리의 관점을 바꾸고 성장시킨다. 그래서 나는 모든 학생들이 여름방학 아르바이트를 경험하고, 그 경험에서 얻은 교훈을 대학 지원서에 활용하길 권한다.

_줄리 정(Julie Chung), 브라운 대학교 2026년 졸업 예정

♥ 나는 고등학생 때 두 가지 여름 일자리를 경험했다. 처음에는 한식당에서, 그다음엔 전통찻집에서 일했다. 식당에서는 반찬을 나르고 테이블을 닦았고, 찻집에서는 주문을 받고 차를 나르고 테이블을 정리하는 등 더 많은 일을 했다.

　내게는 언어 장벽을 극복하는 것부터가 쉽지 않았다. 나

는 한국말을 완전히 유창하게 구사하지 못했기 때문에 용어와 예절을 배우고 적응하는 것이 힘들었다. 고객과, 특히 어른들과 소통하는 것도 너무나 어려웠다. 한국 문화에 완전히 몰입하고 매장 업무에 익숙해져야 했다.

이 두 가지 일을 경험하면서 언뜻 '사소해 보이는' 직업의 세계가 얼마나 엄격하고 까다로운지 알게 되었다. 대입을 준비하는 학생이라면 짧게라도 아르바이트를 경험하라고 말해주고 싶다. 단순히 대학 입시에서 돋보이기 위해서만은 아니다. 일은 인생에 대한 보다 성숙한 관점을 갖게 해주기 때문이다.

_익명, 서던캘리포니아 대학교 2026년 졸업 예정

▼ 나는 10학년과 11학년 여름방학 때 유치원에서 보조 교사로 자원봉사를 했다. 어린아이들과 교감하고 소통하는 것은 엄청나게 어려우면서도 보람 있는 일이었다. 아이들과 신뢰와 친밀한 관계를 구축하며 리더십에서 논리와 권위가 아닌 감성과 직감이 얼마나 중요한지 배웠다. 지시를 완전히 이해하지 못하는 아이들과 함께 활동하면서 타인을 정서적으로 이해하는 능력이 필요하다는 것도 알게 되었다. 이러한 경험은 대학 지원서를 향상시키는 것 외에도 여러 측면에서 삶을

풍요롭게 해주므로 관심을 가진 일자리가 있다면 꼭 한번 지원해보라고 조언하고 싶다.

_엘리자베스 정(Elizabeth Chung), 조지타운 대학교 2026년 졸업 예정

▼ 나는 11학년에서 12학년으로 올라가는 여름에 웨딩홀에서 아르바이트를 했다. 화분에 물 주기부터 하객 안내, 주차 관리, 이벤트 준비, 폐백 준비 등 여러 가지 일을 했다. 매주 주어진 업무는 달랐지만, 결국 한 커플의 결혼식이 매끄럽게 이루어질 수 있도록 돕는 과정이었다.

일을 배울 수 있는 시간이 없었다는 게 내게는 가장 힘들었다. 그때까지 아르바이트를 경험해본 적이 없어서 어떻게 다른 사람들과 소통해야 하는지 잘 알지 못했다. 웨딩홀은 더더욱 경험이 없었기에 첫날 일이 주어졌을 때는 그야말로 눈앞이 깜깜했다. 하지만 선배들의 도움을 받았고, 그들과는 지금도 자주 연락을 주고받을 정도로 친해졌다.

아르바이트는 내게 첫 사회생활이었다. 다양한 연령대의 사람들과 대화하는 법, 서로 도우며 일하는 법을 배웠고, 삶을 바라보는 태도에도 변화가 생겼다. 힘들었던 경험을 떠올리며 누구에게나 더욱 존경심을 갖고 대하게 되었다. 처음 번 돈을 부모님께 드렸을 때의 뿌듯함과 행복도 잊을

수 없다.

고등학교 시절 가장 뜻깊었던 순간을 꼽으라면 아르바이트를 했던 그 여름이라고 대답하겠다. 매일 만나던 학교 친구들이 아닌 전혀 다른 배경에서 성장한 친구들과 함께 일하며 겪었던 경험은 무엇과도 바꿀 수 없다.

_재니 리(Jaenney Lee), 노스웨스턴 대학교 2027년 졸업 예정

♥ 10학년과 11학년 여름방학 동안 국제투명성기구Transparency International에서 인턴으로 일했다. 나의 역할은 부패 방지 및 투명성 증진을 위한 다양한 프로젝트와 캠페인을 지원하는 연구를 하는 것이었다. 인턴십과 대입 준비 사이에서 균형을 잡기가 쉽지 않았지만 보람도 있었다. 보수를 받은 것은 아니지만, 이 경험을 통해 귀중한 기술과 통찰력을 얻을 수 있었다. 특히 사회 발전과 민주주의 원칙을 유지하기 위한 책임감이 얼마나 중요한지 깊이 이해하게 되었다. 연구 및 커뮤니케이션 기술을 연마할 수 있었고, 이는 대학에서도 큰 도움이 되었다. 이 경험을 통해 긍정적인 변화를 이끌어 내는 집단의 힘을 깨닫고, 책임감도 갖게 되었다.

대입을 준비하는 학생이라면 특정 분야에 대한 헌신과 열정을 보여줄 수 있는 인턴십 기회나 자원봉사 경험을 적

극 활용하라고 권하고 싶다. 이러한 경험들은 지원자를 더욱 돋보이게 하고 입학사정위원회에 특별한 인상을 남길 수 있다.

_익명, 노트르담 대학교 2022년 졸업

9

지원할 대학 선택하기

명성이 전부가 아니다

　나는 하버드, 예일, 매사추세츠 공과대학교MIT, 펜실베이니아 대학교, 컬럼비아, 조지타운, 그리고 뉴욕 주립 대학교 캠퍼스 네 곳(빙햄턴, 제네시오, 버팔로, 올버니)에 지원했다. 그리고 예일을 제외한 모든 학교에 합격했다. 고백하건대, 나는 철저하게 명성에 따라 대학을 선택했다. 뉴욕 이민자 동네의 1세대 한국 가정에서 자라면서, 명문대 졸업장이 훌륭한 경력과 풍족한 재정, 아메리칸 드림을 위한 티켓이라는 말을 귀에 못이 박이도록 들었다. 나 또한 '브랜드'를 의식하지 않을 수 없었고, 외부의 영향을 쉽게 받았으며, 귀가 얇았다.

이제 나는 학생들에게 명성만을 보고 학교를 선택해서는 안 된다고 이야기한다. '나는 왜 그 학교에 가고 싶은가?'를 스스로 진정으로 물어보아야 한다고 말이다. 아이비리그 수준의 학교를 지망하는 학생들 상당수가 자신이 선택한 현실을 진정으로 이해하지 못한다. 학교에 방문하거나 깊이 있게 알아보지 않고, 재학생과 졸업생의 경험담을 묻지도 않는다. 그저 부모님이 기대하니까, 친구들이 다들 그렇게 하니까, 명성이 탐나서 아이비리그 대학에 지원한다. 이런 학생들은 종종 덜 만족스러운 대학 생활을 하게 된다.

지피지기, 학교를 알고 나를 알아야 한다

미국에는 수천 개의 대학이 있다. 대학마다 특징도 제각각이다. 어떤 곳은 크고 어떤 곳은 작다. 도시에 있는 대학도 있고 시골에 있는 대학도 있다. 연대 의식이 강한 학교가 있는가 하면 경쟁적인 곳도 있다. 어떤 곳은 인문 교육 중심이고, 어떤 곳은 직업 훈련 중심이다. 연구에 초점을 맞춘 학교도 있고 교육에 초점을 맞춘 학교도 있다. 어떤 곳은 학생들이 여름방학 동안 해외 취업이나 유학으로 시간을 보내길 권하지만, 캠퍼스에 머물기를 권하는 학교도 있다. 종교적인 학교도 있으며 세속적인 학교도 있다. 축제로 이름이 난 학교도 있고 반대로 학업 중심의 학교도 있다. 어떤 곳은 동문의식이 강하고, 어떤 곳은 무관심하다. 나 자신이 어떤 환경에서 행복을 느낄지 진지하게 자문해야 한다. 대학은 사회로 나아가는 관문이기도 하다. 마음속에 품은 커리어를 실현하는 데 어떤 대학 프로그램이 이상적일지도 고려해야 한다.

대학 입시를 준비하는 일도, 4년 동안 성공적인 대학 생활을 이어가는 것도 쉬운 일은 아니다. 그러나 자신만의 기준으로 꼼꼼하게 대학을 고르고, 그럼에도 명문 학교에 가고 싶다는 결론을 내렸다면, 힘든 순간에도 지치지 않을 수 있는 동력을 확보한 셈이다. 자신이 선택한 대학인 만큼 그곳에서의 경험도 더욱 만족스러울 것이다. 사실, 모든 아이비리그 졸업생이 성공하는 것도 아니고 성공한 모든 사람들이 아이비리그 출신인 것도 아니다. 궁극적으로 대학에 다니는 동안 무엇을 배우는지, 졸업 후에 무엇을 하는지가 학교의 명성보다 중요하다.

대입 추천서 준비하기

교과목 교사 추천서와 비교과목 추천서

대학에 지원할 때 반드시 준비해야 하는 것으로 추천서가 있다. 추천서는 교과목 교사 추천서Academic Recommendations와 비교과목 추천서Non-academic Recommendations로 나뉜다. 나 역시 다양한 과목을 지도해준 선생님들에게 교과목 교사 추천서를 받았다. 입학사정위원회에 내가 다양한 과목에서 잘해낼 수 있음을 보여주고 싶었다. 비교과목 추천서는 나의 주요 특별활동을 감독해준 분들에게 받았다.

사회 과목 담당인 에이브럼스키 선생님은 학생들에게 높은 기대를 거는 학구적인 교수 같은 분이었다. 선생님은 학생들의 적극적인 참여를 유도하며, 자연스럽게 우리의 지적 능력을 향상시켰다. 나는 다른 수업보다 이 수업을 더 열심히 준비하곤 했다. 덕분에 수업시간 외에도 이런저런 의논을 하며 선생님과 탄탄한 유대감을 쌓게 되었다.

　　내게 1년 동안 스페인어를, 2년 동안 히브리어를 지도한 콘버그 선생님은 교실 밖에서의 내 삶에도 큰 관심을 보여준 친절하고 헌신적인 교사였다. 나는 학교와 학교 밖에서 겪은 경험을 선생님과 공유했다. 콘버그 선생님은 내가 어머니 다음으로 믿고 의지한 어른이었다.

　　위노커 선생님은 내게 수학 두 과목을 지도했고, 1년 동안 내 담임 교사이기도 했다. 나는 대체로 역사나 언어에 비해 수학을 어려워했는데, 느긋하면서도 포용적인 위노커 선생님 덕분에 위축되지 않고 열심히 공부했고, 자신 있게 수업에 참여했다. 그 결과 시험에서도 상당히 좋은 성적을 받았다. 다양한 핵심 과목을 가르친 교사를 선택하고 싶은 욕심도 났지만, 좋은 관계를 맺어온 선생님에게 추천서를 부탁하는 것이 더 효과적이라고 판단했다. 이처럼 긍정적인 관계를 유지한 비결은 다음과 같다. 첫째, 나는 그분들의 수업에서 좋은 성적을 받았다. 둘째, 그분들의 수업을 이수한 뒤에도 대화를 나누며 관계를 유지했다.

추천서 부탁에 왕도가 있다면…

당연한 이야기이지만, 뭔가를 부탁할 땐 친분이 없는 사람보다 친구가 편하다. 나는 친밀한 관계를 유지해온 선생님들에게 평소처럼 소통하며 추천서를 부탁했다. 예를 들면, 콘버그 선생님에게는 다가오는 수영 대회 이야기를 하다가 추천서가 필요하다는 말을 꺼냈다. 위노커 선생님에게는 담임 상담 시간에 말을 꺼냈고, 에이브럼스키 선생님에게는 복도에서 대화를 나누던 중에 부탁을 했다. 따로 약속을 잡거나 특별한 과정을 거치지는 않았다. 그분들에게 추천서를 부탁한 것은 좋은 관계에서 파생된 자연스러운 결과였다.

위의 선생님들 외에도 스타이브슨트 고등학교 수영팀 코치님과 교회 목사님, 주뉴욕 대한민국 총영사관의 총영사님에게도 추천서를 받았다.

데시몬 코치님은 내가 고등학교 시절 아버지 다음으로 의지한 남자 어른이자 수영팀 학생들의 롤모델이었다. 나는 신입생으로 수영팀 테스트를 치르며 데시몬 코치님을 처음

만났다. 코치님은 스타이브슨트 수영팀의 헌신적이고 다정한 리더였다. 서퍽 카운티에서 몇 시간이나 걸리는 거리를 출퇴근하며, 수영팀을 훈련시키고 우승을 따내던 코치님의 노력이 지금도 눈에 선하다. 그는 수영과 학업에 대한 나의 열정을 깊이 이해했으며, 내가 경험 없는 신입 선수에서 자신감 넘치는 우승팀 주장으로 성장하는 과정을 고스란히 지켜보았다. 데시몬 코치님은 매 학기 선수들이 수영을 할 수 있는 수준의 학업 성적을 유지하고 있는지 확인하기 위해 성적표를 점검했다. 스타이브슨트 고등학교 규정에 따라 일정한 GPA를 유지하지 못하는 선수는 대회에 출전할 수 없기 때문이다. 데시몬 코치님과의 유대감을 생각할 때 그분께 추천서를 부탁하는 것은 자연스럽고 당연한 일이었다. 나는 팀 연습을 마치고 코치님을 찾아갔다.

한인 교회의 장 목사님에게도 추천서를 부탁했다. 나는 초등학교 4학년 때부터 퀸스 장로교회Korean-American Presbyterian Church of Queens에 다녔다. 장 목사님은 관대하고 따뜻한 정신적 조언자였다. 스타이브슨트 고등학교 입학시험과 SAT 등 내가 중요한 시험을 치를 때마다 나를 위해 기도해주었고, 나는 그 기도에서 큰 용기를 얻었다. 추천서를 부탁받은 목사님은 무척 기뻐하며 나의 성격뿐만 아니라 적극적인 교회 참여까지 빠짐없이 기록한 멋진 추천서를 써주었다. 나와 가족들은 목사님에게 큰 은혜를 입었다.

마지막으로, 나는 주뉴욕 대한민국총영사관의 총영사님에게도 추천서를 받았다. 공 총영사님은 나의 어머니와 안면이 있었다. 당시 어머니는 대한민국 총영사관과 같은 건물에 위치한 한국외환은행 파크애비뉴 지점에서 근무했다. 시간이 지나면서 어머니는 총영사관 직원들과 친해졌고, 나와 내 동생의 학업적 노력과 성취에 대해서도 이야기를 나누게 되었다고 한다. 대학 입학 지원서를 제출한 후, 나는 총영사님에게 추천서를 부탁했다. 공 총영사님은 먼저 대학 지원을 위한 나의 자질을 더 알아보기를 원했다. 그때 나는 상당히 외딴곳에 있던 콘퍼런스센터에서 교회 청소년부 겨울 수련회를 하고 있었다. 내 부모님은 한밤중에 나를 데리러 왔고, 내가 간단한 자기소개 서류를 준비할 수 있도록 한 후에, 같은 날 밤 다시 콘퍼런스센터로 태워다주셨다. 밤을 꼬박 새웠지만, 무척이나 의미 있는 시간이었다. 부모님의 노력과 공 총영사님의 추천서에 감사했다.

11

면접시험 준비하기

면접이 중요한 이유

면접College Admissions Interviews은 대학을 대표하는 면접관이 학생을 대면하여 직접 자질을 평가하는 입학 절차이다. 서면으로 제출하는 지원서의 모든 항목은 학생의 목소리 또는 학생을 지지하는 누군가의 목소리를 대변한다. 따라서 편파적일 수밖에 없다. 대학 입학 면접은 그 편파성을 제거하고, 학생의 인성과 적성을 직접 판단하기 위한 방식이다. 일부 대학에서는 입학 면접이 선택 사항이고, 실제로 일부 학교는 면접을 아예 폐지하기도 했다. 그러나 많은 학교에서 여전히 면접을 요구한다. 각 학교는 저마다 우선순위를 둔다. 개인적으로 나는 선발하려는 학생의 자질에 대해 충분히 관심을 가지고, 모든 지원자를 만나보려는 학교를 선호한다.

나는 두 번의 캠퍼스 면접(하버드와 컬럼비아)과 몇 번의 동문 면접(하버드, 예일, MIT, 펜실베이니아 대학교, 조지타운)을 보았다. 하버드는 캠퍼스 면접과 동문 면접을 모두 보았다. 당시 하버드는 지원자들에게 두 가지 유형의 면접을 모두 볼 수 있도록 했기에 두 번의 면접 기회를 얻은 것이다. 대학들은 지원자의 입학 기회에 있어 동문 면접과 캠퍼스 면접에 차이가 없다고 명시해두었다. 그럼에도 나는 하버드에 들어가고 싶은 나의 열망을 최대한 증명하고 싶었다. 매사추세츠 주의 케임브리지까지 가서 하버드 입학처를 방문해 면접을 치른 것은 그런 이유에서였다. 그리고 나서 몇 주 후 뉴욕 하버드 클럽Harvard Club of New York에서 동문 면접을 했다.

사회성은 면접의 열쇠다

나는 하버드 대학에서 15년, 컬럼비아 경영대학원에서

10년 동안 동문 면접관으로 활동했다. 그리고 그 기간 동안 수많은 지원자들을 만났다. 각각의 임기가 끝나갈 때쯤, 나는 면접 초반 4분 이내에, 지원자의 첫인상만 보고도 결과를 예측할 수 있게 되었다.

나는 대인관계 능력 즉 사회성에 중점을 두고 지원자를 관찰하고 평가했다. 학생이 첫 소개를 어떻게 하는가? 자신 감이 있어 보이는가? 자기 자신을 분명하게 표현하는가? 이러한 관찰은 다음과 같은 질문으로 이어졌다. 내가 이 학생의 룸메이트라면 행복할까? 내가 이 학생의 학과 친구라면 어떨까? 우리가 함께 학교에 다닌다면 이 학생에게서 뭔가 배울 수 있을까?

사회성이 입학과 어떤 관련이 있는지 궁금할 것이다. 솔직히 말해서, GPA 3.0에 SAT 1200점을 받은 학생이라면, 아이비리그 대학에서의 학업 수행이 가능할 것이다. 실제로 하버드에 지원하는 학생의 85퍼센트는 학업에 어려움이 없을 것이다. 하버드 역시 다른 대학들과 마찬가지로 평범한 수준의 교과서를 사용한다. 경쟁력 있는 대학은 '가장 똑똑한 학생들'로만 입학 정원을 채우려고 하지 않는다. 완벽한 SAT, AP 점수와 완벽한 GPA를 가진 많은 학생들을 거절하는 경우도 비일비재하다. 대신 이들 대학은 강의실 밖에서 학생들이 서로 배울 수 있는 환경을 제공하고 싶어한다. 앞서 언급했듯 학생들은 대학에서의 시간 중 90퍼센트 이상을 강의실 밖에서, 다른 학생들과 상호작용하며 보내기 때문이다. 학생들은 서로 배우고 가르치면서 지적으로, 인격적으로 성장한다. 이 환경에 실질적으로 기여하기 위해서는 자신의 개인적인 견해와 경험을 주변 학생들과 공유하는 능력, 다시 말해 사회성을 반드시 갖추고 있어야 한다.

학생의 사회성은 면접 초반부터 드러난다. 나는 뛰어난 성적을 가지고 있지만 사회성이 부족한 학생보다는 성적은 덜 완벽하더라도 훌륭한 사회싱을 가진 학생에게 더 좋은 점수를 주었다.

면접에서 해야 하는 것과 하지 말아야 하는 것

첫째, 지원자는 기본적인 '상식'을 갖추어야 한다. 적절한 옷차림은 필수적이다. 정장 혹은 그에 준하는 단정한 옷을 입어야 한다. 취업 면접이든 대입 면접이든, 면접은 언제나 중요한 자리다. 지원자는 최선의 방식으로 자신을 표현해야 한다. 대화가 얼마나 재미있든 면접 중에 인터넷 밈이나 비속어를 사용해서는 안 된다. 중요한 대화에서 격식 없는 태도는 부적절할 뿐이다.

둘째, 지원자는 해당 대학에 입학하고 싶은 이유를 간결하고 지적인 방식으로 표현할 수 있어야 한다. 예를 들어, 하버드에 입학하고 싶은 이유가 단지 학교의 명성 때문이라면, 면접관의 관심을 받을 수 있을까? 다른 학교도 뛰어난 명성을 가지고 있지 않은가. 면접관으로서 나는 나의 모교에서 학생들이 활용할 수 있는 자원에 대해 지원자가 알고 있는지의 여부를 확인하고자 했다. 관심 있는 특정 전공이나 교환학생 프로그램이 있는지, 어떤 활동이 매력적으로 느껴지는지, 대학교의 어떤 점이 지원자의 마음에 들었는지…. 이처럼 다른 대학교와 차별화되는 내 모교의 프로그램에 대해 지원자가 알고 있다면, 지원자는 그 프로그램을 잘 활용할 가능성이 높고, 자연히 성공적인 시간을 보내게 될 것이다. 이는 해당 지원자가 주도적이라는 것도 증명한다. 다시 말해, 인생에서 어떤 도전에 직면한다면, 주도적인 지원자는 그 도전을 극복하려 할 것이다. 경쟁력 있는 대학의 학생일수록 개인적, 학업적, 특별활동과 직업적 도전에 맞닥뜨릴 가능성이 크다. 장애물을 극복하고 자신의 능력을 펼치고자 하는 강한 욕구는 입학 후 큰 자산이 될 것이다.

셋째, 지원자는 자신이 왜 다른 지원자들과 다르고 특별한지 설명할 수 있어야 한다. 경쟁력 있는 대학의 연간 입학률은 대략 10퍼센트 남짓이다(2020-2021 하버드의 입학률은 4.6퍼센트였다). 즉, 10명의 지원자 중 단 한 명 혹은 그 이하만이 합격한다. 그러나 지원자 한 명 한 명을 살펴보면 이미 우수한 성적과 특출한 이력을 가진 학생일 것이다. 그들은 모두 졸업생 대표이고, 학교/학급 회장이며, 인정받는 운동선수이다. 또한, 최고 수준의 연구자이고, 세계적인 수준의 음악가, 배우, 예술가다. 쟁쟁한 사람들이 모여 합격을 위해 경쟁하는 각축전이 바로 대학 입시나. 따라서 시원사는 대학교에 자신을 적극적으로 '마케팅'하고, 자신이 다른 지원자에 비해 어떻게 특별한지 보여주어야 한다. 에세이와 면접은 이를 보여줄 좋은 기회다. 나는 학과 친구들과 공유할 수 있는 특별활동을 했거나 학업에 대한 열정을 입증할 수 있는 지원자를 물색했다. 우리는 저마다 각기 다른 열정을 가지고 있다. 예를 들어, 지원자를 물감에, 입학사정위원회가 선발한 입학생 명단을 그림에 비유해보자. 특정 활동에 대한 지원자의 노력은 그 지원자만의 색깔이 될 것이다. 선명하고 아름다운 색이 모여 아름다운 그림을 이룬다. 특정 활동에 대해 지원자가 열정적일수록 그 지원자의 색깔이 선명해지며, 선명하고 아름다운 물감은 입학생이라는 전체 그림에 포함될 가능성이 커진다.

넷째, 지원자는 자기 자신을 바르게 인식하고, 다른 사람들이 자신을 어떻게 보는지도 이해해야 한다. 앞서 언급했듯 대학에서 가장 중요한 것은 학생들의 상호작용이다. 따라서 나는 자신이 타인에게 어떤 영향을 끼치는지, 타인이 자신을 어떻게 보는지에 대해 바르게 인식하는 지원자를 물색했다. 나는 모든 지원자에게 다음과 같은 질문을 했다. "당신의 친구와 가족이 당신을 세 단어로 설명한다면, 무엇이 될 것 같나요? 왜 그 단어들을 선택했는지 설명해보세요." 신중하게 대답하지 않는 지원자에 대한 인상은 긍정적이지 않았다. 우리는 타인과의 관계 속에서 살아간다. 대학에서는 학업적, 사회적, 개인적, 직업적인 상호작용이 일어날 것이고, 지원자는 이에 준비되어 있어야 한다.

다섯째, 지원자는 현재의 사회적 이슈를 포함한 다양한 주제에 대해 지적인 대화를 이어갈 수 있어야 한다. 대학 수업은 대부분 세미나와 토론 형식으로 진행되며, 학생의 적극적인 참여를 요구한다. 따라서 나는 지원자가 여러 주제에 대해 합리적인 수준의 대화를 나눌 수 있는지의 여부를 확인했다. 보통은 지원자가 주제를 선택하도록 했지만, 내가 인기 있는 주제를 제안하기도 했다. 이를 통해 지원자가 자기 자신을 다스릴 역량과 유연성을 가지고 있는지 확인할 수 있었다.

여섯째, 지원자는 '룸메이트 테스트'를 통과할 수 있어야 한다. 대학에 오면, 학생은 기숙사나 공동 시설에서 다른 사람과 함께 생활하는 경험을 하게 된다. 나는 하버드에서 나빌과 제임스라는 좋은 룸메이트를 만났다. 나빌은 내 결혼식에 신랑 들러리를 서주기까지 했다. 룸메이트 덕분에 내 대학 생활은 즐겁고 의미 있는 시간이 되었다. 그러니 모든 룸메이트 경험이 긍정적인 것은 아니다. 잘 어울리지 못하는 사람들이 만나 끔찍한 상황이 벌어지는 것도 종종 보았다. '손바닥도 마주쳐야 소리가 난다'지만, 보통은 한쪽 손이 먼저 움직인다는 것도 우리는 알고 있다. 면접관으로서 나는 지원자가 까다로운 룸메이트가 되지는 않을지 확인하려 했다. 이 사람은 겸손한가? 혹시 거만하고 타인에 대한 배려가 없진 않은가? 합리적인 수준의 개인 위생을 유지하는가? 늦은 저녁 시간에 진지한 대화를 나눌 만한 사람인가? 대학생은 강의실과 강의실 밖에서 충분히 많은 도전에 직면하기에 나는 그들이 기숙사라는 '집'에서는 최대한 편안하고 안전한 일상을 보내기를 바랐다.

　　일곱째, 지원자는 즉각적으로 감사 편지를 보내야 한다. 동문 면접관은 지원자를 파악하고 입학처에 지원자를 지지하는 역할을 수행하고자 시간을 내어 봉사한다. 지원자들은 면접관의 시간과 노력에 감사를 표해야 한다. 간혹 나는 '결정을 내리기 애매한' 지원자도 만났다. 그들의 입학을 지지할 것인지의 여부를 결정하기 위해 더 많은 시간을 필요로 했다는 뜻이다. 그들 중 일부는 나에게 감사 편지를 보내왔고, 일부는 그러지 않았다. 감사 편지를 보낸 지원자들은 그렇지 않은 지원자들보다 보통 더 긍정적인 평가를 받았다. 이는 내게만 국한된 이야기는 아니다. 대입 면접이든 취업 면접이든, 어떤 면접이든 면접 후 반드시 감사 편지를 보내기를 권한다.

면접 전 준비할 몇 가지 답변

- 왜 우리 학교에 다니고 싶은가?
- 우리가 당신을 선발해야 하는 이유는 무엇인가?

- 당신의 강점은 무엇인가?

- 당신의 약점은 무엇인가?

- 5년 후, 10년 후 자신의 모습은 어떨 것으로 예상하는가?

- 자신의 가장 자랑스러웠던 순간과 성취는?

- 가장 큰 도전은 무엇이었으며, 어떻게 임했는가?

- 어떤 전공을 선택할 계획이며, 그 이유는 무엇인가?

- 고등학교에서 겪은 가장 큰 문제는 무엇이었는가? 지금 그 때로 돌아간다면 어떻게 해결하겠는가?

- 정기적으로 읽는 간행물은 무엇인가?

- '현재의 사회적 이슈'에 대해 어떻게 생각하는가?

- 면접관에게 묻고 싶은 질문이 있는가?

마지막 질문이 정말 중요하다. 지원자가 묻는 질문은 학교에 대한 준비와 관심의 정도를 보여준다. 무엇보다도 면접이 '양방향 도로'임을 기억하라. 지원자 또한 면접관과 학교에 대해, 그리고 면접관이 학교를 얼마나 좋아했는지에 대해 (동문인 경우) 알 권리가 있다.

여러 번 말하지만, 대학은 비싸다. 지원자와 학부모는 일부 지역에서는 꽤 큰 집을 구매할 수도 있는 40만 달러를 지불하는 '고객'인 만큼, 고객답게 행동해야 한다. 다르게 생각해보자. 방문해보지도 않고, 주택 검사도 실시하지 않고,

질문 하나 없이 40만 달러짜리 집을 덜컥 사겠는가? 눈앞에 둔 것이 집이든 대학이든, 끊임없이 질문하고 판매자에게 도전해야 하지 않겠는가? 아래에 면접관에게(그리고 캠퍼스 견학에서 만나는 재학생들에게) 물어야 하는 질문을 준비했다.

면접에서 물어야 하는 몇 가지 질문

- 다시 선택할 수 있다면, 그때도 이 학교에 다니겠는가? 그렇다면, 혹은 아니라면 그 이유는 무엇인가?
- 이 학교에 다닌 것이 졸업 후 당신의 인생에 어떻게 도움이 되었는가?
- 학생들은 보통 어디에서 공부하는가? 기숙사? 도서관? 식당? 학생회관?
- 교육과 조언의 대부분을 담당하는 이는 누구인가? 대학원생인가 혹은 교수인가?
- 당신이 보기에 교수진은 행복해 보이는가?
- 전반적인 캠퍼스 분위기를 설명해달라.
- 학생들은 주말에 무엇을 하는가?
- 학생들은 학교에 대해 강한 연대감을 갖고 있는가?
- 학생들은 교수진과 좋은 관계를 맺고 있는가?

- 동문 네트워크는 얼마나 탄탄한가? 인턴십을 찾는 데 동문 네트워크가 도움이 되는가? 여름 일자리 혹은 정규직 취업에 있어서는 어떤가?
- 캠퍼스 안팎에 파트타임 일자리가 많은가?

대학 견학, 해야 할까?

대학 견학에서 얻을 수 있는 것

목표로 삼은 대학을 견학Campus Visit하는 것은 절대적으로 중요하다. 학교를 견학하지 않고 학교에서의 4년을 즐기게 될지 어떻게 장담하겠는가? 지원자는 가능한 한 대학을 견학해야 하고, 학교의 전반적인 분위기, 학교의 위치, 주변 지역과 심지어는 학교의 건축 스타일이 마음에 드는지도 확인해야 한다. 나아가, 학교에서의 일상을 엿보기 위해 강의실에 앉아 재학생과 이야기도 나누어야 한다. 학생들에게 질문을 던져보는 것도 필요하다. (입학 면접을 다룬 11장에 몇 가지 질문 예시를 제안해두었다.) 이것은 소위 말하는 '사전 점검'이다.

하버드의 동문 면접관으로서 나는 지원자가 학교를 견학한 적이 있는지 자주 물었다. 지원자가 진심으로 학교에 깊은 관심이 있다면, 학교를 직접 보는 정도의 노력을 할 것이고, 캠퍼스에 대한 인상(그것이 긍정적이든 부정적이든)을 면접관과 공유할 수 있을 거라 생각했다. 물론, 모든 지원자가 캠퍼스를 견학할 수 있는 것은 아니다. 다만, 나는 지원자가 충분한 노력을 기울였는지 확인하고 싶었다.

적극적으로 요청하고 충실히 즐겨라

지원자가 인정하든 하지 않든, 입학처는 학생을 선발하지 않을 이유를 찾고 있다. 하버드를 비롯한 상위권 대학의 입학 정원 한 자리를 두고, 열 명에서 열다섯 명의 우수한 학생들이 치열하게 경쟁하고 있다는 것을 기억하라. 만약 학교를 견학하고 입학사정관을 만날 수 있다면(면접이든 입학처에서의 간단한 학교 소개 자리든), 입학 기회를 높일 수 있다.

학교 견학을 입학처에 알리는 것은 당신이 학교에 얼마나 관심이 있는지를 강력하게 표현하는 것이다.

대학을 견학하기에 가장 좋은 시기는 따로 정해져 있지 않다. 학생들은 대부분 11학년 또는 12학년 때 견학을 한다. 만일 견학을 하기로 마음 먹었다면 몇 시간 학교를 둘러보는 것으로 만족하지 마라. 가능하면, 하루 숙박할 수 있도록 준비해달라고 입학처에 요청하라. 많은 대학은 12학년 학생들이 대학 기숙사에서 숙박할 수 있는 프로그램을 운영하고 있다. 심지어는 식비까지 지불해주는 입학처도 있다! 대학을 방문하며 지원자는 학교에서의 생활을 엿볼 수 있고, 입학처는 지원서를 검토할 때 당신을 기억할 것이다. 엇비슷한 자질을 가지고 있는 두 학생을 두고 고민할 때, 그중 한 사람만 학교를 견학했다면, 학교를 견학한 학생이 합격할 가능성이 더 높다.

대학 견학, 어땠어?

대학 견학을 권하기는 하지만, 먼 거리를 여행해야 하는 만큼 쉬운 결정이
아닐 것이다. (일정을 쪼개어 다른 주로 떠나는 것은 미국 내에서도 쉽지
않다.) 지금 대학에 다니는 학생들과 졸업생들에게 대학 견학이 도움이 되
었는지, 어떤 계기로 대학 견학을 하게 되었는지, 대학 지원 과정에 어떤
영향을 미쳤는지, 어떤 대학에 방문해보았는지 물어보았다.

♥ 나는 대학교를 직접 보고 느끼고 싶다는 마음으로 대학 견
학에 나섰다. 내가 4년을 보낼 곳인 만큼, 그곳이 나와 맞는
지 그 '느낌'을 알고 싶었다. 나는 스탠퍼드 대학교를 비롯해
미시간 대학교, 노스웨스턴 대학교, 시카고 대학교, 세인트
루이스 워싱턴 대학교WUSTL, 하버드, 프린스턴, 펜실베이니
아 대학교, 다트머스 대학교, 브라운 대학교, 코넬 대학교 등
〈US 뉴스 앤드 월드 리포트〉의 '톱 30' 안에 드는 학교 중 내
가 지망하는 거의 모든 대학에 방문했다.

대학 견학이 나의 대학 지원 자체에 큰 변화를 가져오진

않았다. 스탠퍼드는 항상 내 최우선 지망 학교였고, 그것은 견학 후에도 변하지 않았기 때문이다. 하지만 학교 선호도는 크게 바뀌었다. 방문 전까지 나는 스탠퍼드와 하버드에 이어 펜실베이니아를 세 번째 지망으로 두었다. 그러나 막상 가보니 펜실베이니아 캠퍼스는 도시와 매우 밀접하게 연계되어 있었다. 내가 컬럼비아 대학교에 지원하지 않기로 한 이유가 바로 그거였는데 말이다. 반면, 프린스턴에는 완전히 반했다. 학구적인 분위기가 예상보다 훨씬 나에게 잘 맞았고, 아이비리그 학교의 전형이라 할 수 있는 캠퍼스가 마음에 들었다. 결국 내 마음속 선호도에서 프린스턴은 3위로 올라섰고 펜실베이니아는 밀려났다.

나는 기회만 허락한다면 모든 대학을 견학하라고 조언하고 싶다. 당시 나는 미국의 보딩스쿨에 다니고 있어서 대학 견학이 수월한 편이었지만, 한국에 있는 학생들에게는 쉽지 않을 것이다. 그렇다면 최우선 지망 대학의 여름 캠프에 참가해보면 어떨까. 대학 지원에 도움이 될 뿐만 아니라 대학 생활이 어떨지 미리 엿볼 수 있을 것이다. 하지만 대학에서 주관하는 투어는 그다지 도움이 되지 않는다고 생각한다. 대학의 밝은 면만 보여주기도 하고, 무엇보다도 투어 가이드가 학생들을 대표하지는 않기 때문이다.

_아론 한(Aaron Han), 스탠퍼드 대학교 2023년 이학 석사, 2022년 이학 학사

♥ 나는 학기 중이었고 한국에 있었기 때문에 대학 견학을 할 기회가 없었다. 하지만 대학에 다니며 학생 가이드를 맡아 몇 차례 대학 투어를 진행한 경험이 있다.

대학 견학을 했다면 대학의 '분위기'를 이해하는 데 확실히 도움이 되었을 것 같다. 서류와 웹사이트만으로는 대학들이 비슷비슷해 보이기 마련이다. 그 학교에 다니는 나 자신의 모습을 상상하려면 재학생들과 대화를 나누고, 그들이 무엇을 즐기는지, 어디에서 공부하는지, 캠퍼스가 얼마나 학생 친화적인지 경험하고, 재학생들의 행복한 모습을 보고, 그들과 수업, 활동, 클럽, 연구 등에 대해 이야기를 나눠야 한다. 투어를 했더라도 역시 워싱턴 대학교를 선택했을 테지만, 이곳에 와서 다른 대학 캠퍼스를 방문할 기회가 있기 선까지 각 대학이 얼마나 다른지 깨닫지 못했던 것도 사실이다.

대학 견학을 하기가 여의치 않은 상황이라면 온라인 학생 게시판(포럼)을 찾아보라는 팁을 주고 싶다. 나 역시 포럼을 통해 학교생활에 대한 아이디어를 얻었다. 학생 포럼은 때때로 독이 될 수 있기에 모든 상황에서 추천하지는 않지만, 재학생들의 생생한 목소리를 듣고 학교에 대한 예비 학생들의 찬반 목록을 접한 것이 궁극적으로 학교를 결정하는 데에 도움이 되었다. 이처럼 포럼을 탐색할 때는 자신이 학교에서 원하는 구체적인 사항 중심으로 찾아보는 것이 좋다.

내가 주목한 요소는 멘토링(나는 강력한 의예 과정pre-med 멘토링을 원했다)과, 과외 활동 및 연구 기회(메디컬 스쿨에 지원하려는 사람으로서 이는 매우 중요했다), 복수 학위 및 전공에 대한 학교의 유연성(나는 미술과 생물학 사이에서 갈등하고 있었는데, 두 가지 관심사를 모두 수용할 수 있는 학교를 원했다) 등에 주목했다. 학교에 대한 구체적인 정보를 알면 면접 준비에도 도움이 된다. 이 학교를 선택한 이유를 더 분명하게 말할 수 있기 때문이다.

_이윤진(Amy Lee), 세인트루이스 워싱턴 대학교 2019년 졸업

▼ 고등학교 2학년 여름 캠프 프로그램을 마친 후 부모님과 함께 노스웨스턴, 브라운, 컬럼비아, 뉴욕 대학교NYU, 펜실베이니아 대학교, 서던캘리포니아 대학교USC 등 여러 대학을 방문했다. 한국에서 태어나고 자란 내게 미국은 낯선 땅이었기에 각 대학의 다양한 캠퍼스 문화를 직접 만나보고 싶었다. 돌아보면 대학 견학은 내게 그 이상의 것을 선사했다. 노스웨스턴 대학교에 발을 디디자마자 대학이 꼭 내 집처럼 느껴졌다. 캠퍼스는 압도적이지 않으면서도 충분히 넓었다. 무엇보다도 나는 그곳에서 편안함을 느꼈다. 대학 견학을 마치고 돌아온 후 나는 이 학교에 조기 지원하기로 결심하고

부모님을 설득했다. 물론 이 같은 경험은 내게 국한된 것이고, 어떤 학교에 가고 싶은지 누구나 곧바로 알 수 있는 것은 아니다. 그러나 대학 방문을 통해 나와 맞지 않는 몇 가지 선택지를 제외할 수 있다고는 확실하게 말할 수 있다. 내게는 컬럼비아 대학교가 그랬다.

주를 넘나들며 대학을 방문하는 과정은 쉽지만은 않았지만, 앞으로의 삶에 있어 새로운 '고향'이 될 대학을 미리 가보고 익숙해질 수 있는 기회가 있었음에 지금도 감사한다.

_제니퍼 김(Jennifer Kim), 노스웨스턴 대학교 2024년 졸업 예정

♥ 나는 팬데믹으로 인해 대학 캠퍼스를 직접 방문할 수 없었고, 온라인 박람회와 설명회에 의지해 정보를 얻었다. 하지만 2019년에 하버드와 브라운 대학교, 보스턴 칼리지, 뉴욕 대학교를 방문했던 경험이 도움이 되었다. 대학을 직접 가보니 이 학교에서의 생활이 어떤 모습일지 더 잘 이해할 수 있었다. 지금 대학 지원을 준비 중인 학생이라면 관심 있는 학교의 캠퍼스를 꼭 방문해보라고 말하고 싶다. 직접 방문하지 않고는 알 수 없는 학교의 특색이 있기 때문이다.

_줄리 정(Julie Chung), 브라운 대학교 2026년 졸업 예정

♥ 나는 북동부에 있는 많은 대학교를 견학했다. 캠퍼스를 직접 방문하고 학생이 주도하는 투어를 통해 브로셔나 대학 순위만으로는 접할 수 없는 귀중한 정보를 얻었다. 평소 아름다운 나무와 멋진 건축물로 이루어진 캠퍼스를 좋아했던 나는 듀크 대학교를 방문했을 때 '여기가 내가 다닐 학교구나!' 하고 확신했다. 사실 학교가 너무나 마음에 들어서 방문 후 듀크 대학교에 조기 지원을 하기로 마음 먹었다. 나는 가능한 한 많은 학교를 방문하라고 조언하고 싶다. 그 시간은 대학 진학을 위해 떠나기 전 가족과 함께할 수 있는 좋은 기회이기도 할 테니까.

_애니 김(Annie Kim), 듀크 대학교 2009년 졸업

♥ 나는 중학교 시절 하버드, 컬럼비아, 브라운, 프린스턴, 예일 등 북동부에 있는 몇몇 아이비리그 대학에 방문했다. 이를 통해 캠퍼스 생활에 대한 대략적인 아이디어를 얻기를 기대했다. 고등학교 때는 팬데믹과 바쁜 일정 탓에 대학 견학을 할 수 없었다. 결국, 중학교 시절 얻은 약간의 기억을 바탕으로 지원했지만, 위치와 날씨, 대학 규모 정도는 파악할 수 있었으니 다행이다 싶다. 물론, 이러한 요소는 한 곳에서 4년 이상을 보내야 한다는 점을 고려할 때 상당히 중요하지만 전

부는 아니다. 해당 대학의 학업과 커뮤니티, 커리어 기회 역시 신중히 고려해야 한다고 생각한다.

_익명, 브라운 대학교 2025년 졸업 예정

🛡 나는 최우선 지망 대학과 교통이 편리한 대학을 방문했다. 이러한 방문을 통해 각 캠퍼스에서 학생으로 생활하는 내 모습을 상상하고, 내가 얼마나 잘 적응할지 가늠해볼 수 있었다. 그 결과, 나는 한 번도 방문하지 않은 대학에 진학하기로 결정했다. 캠퍼스 방문은 유익하지만 필수적인 것은 아니었던 셈이다.

　캠퍼스를 방문하면 학교의 문화, 시설 및 전반적인 환경에 대한 귀중한 통찰을 얻을 수 있다. 하지만 대학을 방문하지 않는다고 그곳에서 풍요로운 경험을 할 수 없는 것은 아니다. 대학 방문이 불가능한 상황이라면 가상 투어를 이용하거나 재학생 또는 졸업생과 교류하며 인사이트를 얻는 것도 대안이 될 것이다.

_익명, 노트르담 대학교 2022년 졸업

대입 에세이 쓰기

에세이는 학생의 목소리 그 자체다

대입 에세이College Essays 작성에 있어서 학생은 자신만의 장점을 드러내고, 이러한 장점이 목표 대학교의 성격과어떻게 부합하는지 강조할 '의도'를 세우고 접근해야 한다. 이게 무슨 의미일까? 서류 검토 시즌이 되면, 입학사정관은높은 GPA, 탄탄한 특별활동 이력, 칭찬 가득한 추천서를 가진 학생들의 지원서를 수없이 받는다. 하지만 이러한 서류들은 학생에 관한 '정보'만을 알려준다.

반면, 에세이는 입학처가 학생으로부터 직접 '이야기'를 듣는 방법이다. 에세이는 학생의 지원 의사를 학생의 목소리로 전달한다. 비슷한 프로필(성적, 특별활동 등)을 보유한 수많은 학생들로부터 자신을 차별화하는 에세이를 작성해야 하는 이유이다. 여러분은 모두 입학처에 오래 남을, 특별한 인상을 심어줄 수 있는 사람들이 아닌가. 대학 에세이를 작성할 때는 자신이 특별한 학생인 이유를 밝히고 자신이 입학을 통해 대학과 어떻게 '윈윈'할 수 있는지 설득하겠다는 태도로 접근해야 한다. 이것은 마케팅의 기본이자 핵심이기도 하다. 제품을 알고, 고객의 니즈를 알고, 제품이 어떻게 고객의 니즈를 충족시키는지 설명하는 것이다.

좋은 에세이의 조건

좋은 에세이에 대해 설명하기 전에, 에세이를 쓰는 과정과 재즈 연주의 유사성에 대해 이야기하고 싶다. 재즈에서 각각의 아티스트가 자신만의 음악적 표현을 선보이는 '즉흥 연주'를 떠올려보자. 여기에 공식이 있을 수 있을까? 대입 에세이도 마찬가지다. 수학이나 과학처럼 정해진 템플릿이나 공식을 이용해 다른 사람이 이룬 성공법을 따라하는 것이 불

가능하다는 이야기이다. 만일, 그런 것이 가능하다고 광고하는 이가 있다면… 한 번쯤 의심해봐도 좋다.

대입 에세이를 작성하는 방법은 무척이나 다양하다. 그럼에도 눈에 띄는 에세이에는 몇 가지 공통된 요소가 있다. 우선, 좋은 에세이에는 '진정성'이 있다. 글쓴이가 읽는 사람에게 직접, 마음에서 우러나온 말을 하는 것으로 느껴지는 에세이가 좋은 에세이이다. 지원자가 어떤 사람인지, 무엇에 열정을 쏟고 있는지가 드러나야 한다는 이야기이다. 일반적이거나 형식적인 내용을 써서는 곤란하다. 에세이에 쓰인 내용은 실질적이고 의미 있어야 하며 무엇보다도 개인적이어야 한다. 여러분이 쓴 에세이를 이름을 쓰지 않은 채 학교 복도에 떨어뜨렸다고 가정해보자. 지나가던 교사가 이 글을 주워서 읽었다면 곧바로 이 학생이 누구인지 알아차릴 수 있을까? 만일 그렇다면 그 에세이는 좋은 에세이이다.

잘 쓰인 에세이는 읽는 사람의 감정적인 반응을 불러일으킨다. '시즌' 동안 수천 편의 에세이를 읽어야 하는 입학사정관의 입장을 헤아려보자. 지친 와중에도 어떤 글을 읽다가 웃음을 터뜨리거나 미소 짓거나 잠시 사색의 시간을 가졌다면, 그 에세이는 분명 오래 남을 것이다. 그들의 마음속에 지원자 중 한 명이 아닌, 개성을 갖춘 한 사람으로 기억되는 것이다. 입학사정관이 해당 지원자가 대학에 입학한 모습을 구체적으로 떠올리는 일은 매우 중요하다. 입학사정위원회는 '캠퍼스의 미래'를 구상하며 입학생을 선발하기 때문이다.

마지막으로 한 가지 당부하자면, 나는 여러분이 성숙한 에세이를 쓰기를 바란다. 유머러스한 글이든 진지하고 학구적인 글이든 상관없이 에세이는 반드시 성숙한 태도로 전달되어야 한다. 입학사정관들은 다양한 관심사와 개성을 가진 학생들로 다채롭게 신입생 클래스를 구성하고자 하지만, 지적인 면모와 진지한 태도는 모든 것의 바탕이자 기본이다. 한 컵의 포도 소다가 되려 하지 말고 한 잔의 풀 바디 와인이 되어야 한다는 점을 명심하자.

나의 대입 에세이

나는 커먼앱(Common Application, 미국 대학지원통합시스템)이 생기기 전에 대입을 치렀다. 당시 학교들은 주제와 분량이 각기 다른 에세이 기준을 가지고 있었다. 이때 쓴 여러 에세이 중 두 편의 에세이가 기억에 남는다. 한 장 분량으

로 자신을 소개하는 에세이와 주제를 직접 택해서 쓰는 일반
적인 주제 논술 에세이였다.

첫 번째 에세이에는 수영 경기에 대한 나의 열정을 보여
주는 글을 썼다. 글의 배경은 내가 참가했던 수영대회였다.
준비, 출발, 순위 다툼과 끝날 때까지 선두를 유지하기 위해
분투한 과정을 담은 에세이를 썼다. 에세이를 통해 나는 수
영 선수로서의 나의 사고방식과 희생정신, 우승에 대한 열망
을 드러내고자 했다.

주제 논술 에세이에서는 학습 윤리를 다루었다. 고등학
교 시절, 시험에서 다른 학생의 답을 베끼거나 수업을 빼먹
고 숙제를 베끼는 등의 부정행위가 학생들 사이에서 어느 정
도 만연해 있음을 알게 되었다. 그리고 이 학생들이 학업적
책임을 다하는 학생들과 함께 높은 성적을 얻는 것을 보고
나는 분노했다. 에세이에서 나는 교수진과 학우들이 부정행
위를 묵인하지 않는 대학교에 다니고 싶다는 열망을 표현했
다(내가 경험한 바에 따르면, 흥미롭게도 학습 윤리가 결여된 학
생들은 사회적 윤리 또한 부족하다).

대입 에세이, 어떻게 준비했어?

대입 에세이 때문에 힘들어하는 학생들을 많이 만났다. 대학에 다니는 학생들과 졸업생들에게 대입 에세이를 쓰고 수정하고 제출한 과정에 대해 물었다. 커먼앱 메인 에세이는 어떤 주제로 작성했는지, 에세이를 쓰다가 다 지우고 완전히 새롭게 시작한 경험이 있는지, 좋은 에세이란 어떤 에세이인지, 에세이를 작성하며 가장 힘들었던 점은 무엇이었는지 들어보자.

♥ 나는 두 편의 커먼앱 메인 에세이를 쓰고 제출했다. 첫 번째 에세이는 '그녀의 이메일'이라는 제목으로, 어머니의 배려와 사려 깊음을 본받아 대학에서 어머니의 자랑스러운 딸이 되겠다는 다짐에 관한 것이었다. 두 번째 에세이인 '고마워요, 셜록'은 안전지대를 벗어나 두렵지만 가치 있는 도전을 추구하게 해준 내 중고등학교 시절의 중요한 순간에 대한 이야기였다. 나는 두 에세이 모두에 만족했고, 돌아보면 두 번째 에세이를 쓴 것은 그저 마음의 평화를 얻기 위함이었던 것 같다.

에세이를 쓰는 내내 내가 다루는 주제가 적절한가 하는 의구심과 싸우는 일이 가장 힘들었다. 나는 인생을 통째로 바꿔놓을 만한 특별한 경험이 없어서 다소 평범한 경험 중에서 기억에 남을 만한, 통찰력 있는 주제를 도출하는 것이 어려웠다. 전체적으로, 에세이에서 나의 경험을 설명하고 성찰할 수 있는 적절한 관점을 찾는 것이 내게는 가장 큰 과제였다.

지금 대입 에세이를 준비 중인 학생이라면, 우선 흥미롭고 중요한 개인적인 순간들부터 죽 나열해보라고 말하고 싶다. 나의 경우, 이 같은 성찰적인 작업이 나만의 독창적인 아이디어를 이끌어내는 데 매우 도움이 되었다.

_엘리자베스 정(Elizabeth Chung), 조지타운 대학교 2026년 졸업 예정

♥ 나는 커먼앱 에세이에 손과 발이 크다는 이야기를 썼다. 나는 어렸을 때부터 손과 발이 매우 커서 주변 사람들도 신기하게 생각할 정도였다. 한국에서 성장하면서, 사회의 기대치와 내 모습이 맞지 않아 좀 부끄럽기도 했다. 지금도 한국에서는 내 사이즈의 신발을 찾지 못해 남성화 가게에 가서 맞는 신발을 찾아야 한다. 하지만 이처럼 특이한 신체적 특징이 내 삶에 어떻게 작용했는지에 대해 이야기를 전개하면

재미있을 것 같았다. 큰 손 덕분에 피아노를 잘 칠 수 있고(한 옥타브 이상 손가락을 뻗을 수 있다!) 발이 커서 농구와 배구를 할 때도 안정적으로 움직일 수 있었다. 이런 식으로 사회생활에 불리하다고 생각했던 신체적 특징 덕분에 오히려 잠재력을 최대한 발휘하게 되었다는 내용의 에세이를 썼다.

사실, 내가 처음 잡은 초안은 완전히 달랐다. 처음에는 내가 마리 퀴리의 환생이라고 느낀 일에 대해 쓰려고 했다. 고등학교 시절 생물학과 과학 분야에서 두각을 나타냈기에 내가 유명한 여성 과학자의 환생이 아닐까 생각했던 것이다. 하지만 에세이를 읽은 어머니가 글이 너무 무겁게 느껴진다는 의견을 주었다. 나와 폴 선생님도 이에 동의했고, 에세이를 좀 더 가볍고 산뜻하게 바꾸기로 했다. 입학사정관들은 하루 종일 에세이를 읽는 만큼 또 다른 무거운 에세이를 읽는 것에 지칠 수 있겠다 싶었다. 그래서 메인 에세이를 나의 신체적 특징에 대한 내용으로 바꾸고, 주변 사람들의 유쾌한 반응과 함께 거대한 손발 덕분에 결국 여러 분야에서 뛰어난 성과를 낼 수 있었다는 결론을 담았다. 제2의 마리 퀴리가 되겠다고 선언하는 에세이가 아닌, 독특한 나 자신을 받아들이겠다는 에세이를 쓴 것이다. 결국 이 에세이가 더 나은 결과를 가져온 것 같다.

좋은 메인 에세이는 지원자를 차별화하는 에세이라고

생각한다. 입학사정관들은 하루에 수백 편의 에세이를 읽기에 한 명 한 명의 지원자를 기억하기가 쉽지 않다. 자신만의 특별한 경험이나 사실이 반드시 포함되어야 하는 이유다. 리더십이나 끈기 등 긍정적인 특성을 독특한 경험에 녹여내 전달할 수 있다면 금상첨화다.

또한 입학사정관은 한 편의 에세이를 오래 읽을 수 없기에 관심을 끌 수 있는 첫머리를 써야 한다. 계속 읽고 싶어지도록 첫머리에 최고의 글솜씨를 발휘해야 한다.

나의 조언은, 에세이 아이디어를 조기에 브레인스토밍하고 초안도 일찍 작성하라는 것이다. 그래야 여러 번 수정할 수 있고 다양한 의견을 들을 수 있기 때문이다. 부모님, 형제자매, 친한 친구, 심지어 친한 선생님에게도 에세이를 보여줄 수 있다. 에세이에 대한 피드백을 많이 받는 것은 좋은 에세이를 작성하는 데 매우 중요하다.

_정희원(Hee Won Chung), 브라운 대학교 2023년 졸업

❤ 대입 에세이는 내가 고등학교를 다니며 한 일을 단순히 적는 것이 아니라고 생각한다. 그 일이 내게 선사한 '의미'와 함께 경험을 '빛나게' 적는 것이 중요하다. 나는 고등학교 시절 많은 교내, 교외 활동을 열심히 했다. 하지만 그중 어떤 것이

내 스토리 라인과 맞는지, 또 그렇지 않은 경험들은 어떻게 내게 부합되도록 쓸지 판단하기가 쉽지 않았다.

폴 선생님과 에세이 작성에 대해 상의한 후 처음 에세이를 쓰면서, 내 생각을 풀어내는 방법을 두고 고민을 거듭했다. 무엇으로 시작해야 읽는 사람의 관심을 끌 수 있을까, 어떻게 써야 내 이야기가 제대로 전달될까…. 결국 내적 요소들이 적절한 조화를 이루어야 어떤 이야기든 전달될 수 있겠다는 생각이 들었다.

커먼앱 메인 에세이의 경우 긴 글이기 때문에 간단명료하게 작성해야겠다고 생각했다. 수많은 에세이를 읽어야 하는 입학사정위원회가 내 에세이를 읽고 전하고자 하는 이야기를 곧바로 이해하는 것이 중요하기에 어려운 단어보다는 분명한 단어로, 읽기 쉽게 쓰는 것이 중요하다고 본 것이다.

고등학교 시절 좋은 성적을 거두고 자신의 스토리와 맞는 여러 활동을 했다면, 에세이 또한 그에 맞게 잘 쓰는 것이 무척이나 중요하다. 에세이는 대학 지원서에서 유일하게 입학사정관에게 직접 이야기할 수 있는 창구이다. 따라서 자기 자신을 가장 빛나게 드러낼 수 있는 에세이를 쓰라고 조언하고 싶다.

_재니 리(Jaenney Lee), 노스웨스턴 대학교 2027년 졸업 예정

♥ 나의 커먼앱 메인 에세이는 '007 시리즈'와 〈킹스맨〉 등 영국 스파이 영화에 대해 내가 품어온 열망으로 이야기의 포문을 연다. 에세이의 전반부에는 그들처럼 멋진 스파이가 되고 싶었던 나의 꿈과 그에 걸맞는 자격을 갖추기 위해 기울인 노력에 대해 서술했다. 그런 다음 나의 신체적 한계(키가 너무 크고 마른 체형) 때문에 그 역할에 적합하지 않다는 것을 깨닫고, '007 시리즈'의 엠M처럼 다른 역할을 통해 기여하고자 한다는 내용으로 후반부를 전개했다. 전체적으로 이 에세이는 나의 한계를 인식하고 그것을 극복하는 방법을 모색하는 내용이었다. 나는 이 에세이가 내가 쓴 글 중 최고라고 생각했고, 대학에서 STEM을 공부하면서 글쓰기에 흥미를 잃어버린 지금도 그 생각엔 변함이 없다.

학교별 에세이는 대부분 같은 내용(왜 이 학교, 이 전공을 원하는가)을 요구했고, 각 대학에 맞춰서 작성 및 수정하면 되었기에 어려움이 크지 않았다. 하지만 3개월 정도 에세이를 준비하다 보니 확실히 지치는 것 같았다. 그러므로 대학 에세이에 대한 나의 첫 조언은 '일찍 시작하라는 것'이다. 나는 에세이를 6월에 쓰기 시작해 10월에 끝냈다. 친구들이 마감 직전에 동분서주하는 동안 여유롭게 에세이를 어떻게 수정할지 숙고하는 시간을 가졌고, 마음의 여유도 확보할 수 있었다.

학생은 에세이를 통해 자신이 고등학교 시절을 어떻게 보냈으며, 그로 인해 어떻게 성장했는지 반드시 보여줘야 한다. 이는 다양한 형태로 표현할 수 있는데, 나의 경우 제임스 본드가 되고 싶었던 열망을 소재로 자신의 한계를 인정하는 것에 대해 이야기했다. 자신을 정확히 드러내는 것 또한 매우 중요하다고 말해두고 싶다. 내가 읽은 친구들과 후배들의 성공적인 에세이는 모두 자신의 성격을 정확히 전달하는 글이었다. 즉, 자신이 웃기거나 드라마틱하거나 금욕적인 사람이라면, 에세이 또한 정확히 그렇게 쓰여야 한다. '다른 사람인 것처럼 글을 쓰려 하지 말 것.' 이것이야말로 성공적인 에세이를 위한 최고의 비결이 아닐까.

_아론 한(Aaron Han), 스탠퍼드 대학교 2023년 이학 석사, 2022년 이학 학사

♥ 나는 국제적인 성장 배경과 법의학에 대한 관심 등 나 자신의 다양한 면모를 강조하는 에세이를 작성했다. 당연히 여러 번 수정을 거듭했지만, 전체적인 방향은 폴 선생님과 함께 브레인스토밍한 처음의 의도에서 크게 벗어나지 않았다. 탄탄한 메인 에세이는 흥미롭고 읽기 쉬우며 진실해야 한다. 지원자를 강력한 합격 후보로 만들어줄 요소를 강조하고, 지원서에 드러나지 않은 자신만의 면모를 보여주어야 하는 것

이다. 대입 에세이 준비를 앞둔 학생이라면, 우선 꾸준히 글을 써본 후 다양한 사람의 의견을 경청할 것을 권한다. 전체적인 구조에 먼저 집중하고 세부적인 내용은 나중에 채우는 것도 방법이다.

_애니 김(Annie Kim), 듀크 대학교 2009년 졸업

♥ 나는 다양한 경험을 바탕으로 작성하라고 조언하고 싶다. 몇몇 성과가 다른 성과보다 월등하더라도 한 가지 활동이나 경험을 지나치게 강조하는 것은 삼가는 것이 좋다. 다양한 활동에 대해 이야기할 수 있다는 것은 지원자가 다양한 맥락에서 끊임없이 성장해온 다면적인 사람이라는 것을 보여준다.

열렬한 토론자였던 나는 처음에는 토론에만 집중해서 에세이를 쓰는 실수를 저질렀다(폴 선생님이 나를 두고 〈포레스트 검프〉에 나오는 버바 같다고 농담했던 기억이 난다). 고등학교 시절 대부분의 시간을 토론에 쏟은 것은 사실이다. 그러나 나는 또한 배구를 하고 베트남 전쟁에 대한 개인적인 연구를 했으며 소액 금융 기관에서 자원봉사를 했다. 이처럼 다른 외부 활동에 대해 이야기할 수 있는 주제를 찾았다.

_김정하(Jeongha Kim), 펜실베이니아 대학교 2026년 졸업 예정

♥ 나는 부끄러운 순간에 대한 개인적인 경험으로 시작해, 그것을 회복력과 위험 감수, 그리고 다른 사람들의 의견에 집착하지 않는 일의 중요성에 대한 귀중한 교훈으로 바꾼 과정에 대해 썼다. 처음에는 사건 자체에 초점을 맞췄지만, 개인적인 성장을 강조하기 위해 상당한 수정을 거쳐 더 매력적이고 의미 있는 이야기를 만들었다.

에세이를 쓰는 것은 쉽지 않았다. 독특한 주제를 찾는 것도, 각 학교에 맞게 에세이를 조정하는 것도, 문득문득 벽에 부딪히는 순간을 극복하는 것도 어려웠다. 나의 성격과 가치관을 전달하면서 '나'라는 한 개인에 대한 통찰을 제공하는 에세이를 쓰려면 반드시 극복해야 하는 어려움인 것 같다.

만일 내게 다시 에세이를 쓸 기회가 주어진다면, 대학에서의 성공에 꼭 필요한 자질인 회복탄력성과 도전에서 배울 수 있는 능력을 보여주는 개인적인 이야기를 선택할 것이다. 지금 대입 에세이를 준비 중인 학생이라면 자신의 개인적인 경험, 열정, 목표를 돌아보면서 생각과 감정을 진정성 있게 표현해보라고 조언하고 싶다.

_익명, 노트르담 대학교 2022년 졸업

▼ 커먼앱 메인 에세이의 주제를 자유롭게 선택하는 과정이 스트레스로 느껴질 수 있지만, 이는 '나만의 이야기'를 제한 없이 전할 수 있는 기회이기도 하다. 나는 어린 시절의 집으로 돌아갈 수 없다는 것을 받아들이는 마음에 대한 메인 에세이를 썼다. 미국으로 이사하고 3년 후, 우리 가족은 한국으로 돌아와 살던 집을 정리하고 한국에서의 생활을 공식적으로 마무리했다. 어린 시절의 사진과 상장들을 정리하고 그 집의 문을 닫고 잠근 후, 나는 내 방과 우리 집, 편안한 옛 침대가 없는 타국에서 인생의 새로운 장을 공식적으로 시작하게 되었다. 태어나기 전부터 나의 가족이자 나의 전부였던 무언가와 처음으로 작별하는 순간이었다.

많은 학생들이 이사를 해보았겠지만, 옛 삶에 작별을 고하고 새로운 삶을 재건해낸 경험은 특별한 가치를 가질 터였다. 해외에서 삶의 터전을 성공적으로 일군 용기와 자신감은 유타 주 솔트레이크시티의 고등학교를 떠나 테네시 주 내슈빌로 이사할 때의 경험으로 이어질 것이기에. 유타에서 그랬듯 대학에서도 새로운 친구들을 사귀고, 기숙사에 보금자리를 마련하고, 멋진 추억으로 가득 채우는 일에 성공할 것이라는 확신을 담았다. 무엇보다도, 나는 대학에서 인생의 새로운 장을 시작하는 친구들에게 진심으로 공감할 수 있다. 처음으로 작별 인사를 해본 이들은 나를 새롭고 편안한 집처럼 여길 것이라고 강조했다.

메인 에세이를 통해 학문적으로나 도덕적으로 돋보일 필요는 없다. 대신, 입학사정위원회에 '나'를 들여다볼 수 있는 창을 제공해야 한다. 자신을 완벽한 사람으로 그리려 하지 말고 오히려 결점을 인정하되, 이러한 어려움을 극복함으로써 더 나은 룸메이트, 학우, 학생이 될 수 있음을 보여주어야 한다.

_엘리 한(Ellie Han), 밴더빌트 대학교 2024년 졸업 예정

▼ 메인 에세이에서 나는 인내심에 초점을 두었다. 즉, 나에게 사랑을 돌려주지 않을지도 모르는 것을 무작정 사랑하는 용기를 보여주려 했다. 나는 NCAA 디비전 1(NCAA Division 1, 미국 대학 스포츠 최고 레벨) 테니스 경기에서 뛰겠다는 꿈을 포기하지 않았다는 이야기를 썼다. 그러나 현실은 고등학교 팀에서 세 번째 복식(모든 단식 선수보다 낮은 순위) 경기만 할 수 있었다는 것도. 테니스에 대한 나의 끝없는 열정을 고등학교 때 짝사랑한 여학생을 향한 마음에 비유하기도 했다.

다시 그때로 돌아가더라도 에세이를 수정하지는 않을 것이다. 물론, 단어를 더 잘 다듬을 수도 있겠지만, 나의 솔직한 모습을 보여주는 것이 더 중요하기 때문이다. 나는 투명

성과 이야기 전달 능력, 자신만의 색채가 메인 에세이에서 가장 중요한 요소라고 생각한다. 내가 쓴 에세이가 이러한 기준을 충족했다는 사실이 나는 무척 자랑스럽다.

나는 에세이를 작성함에 있어 자기 성찰과 타당성에 집중하라고 조언하고 싶다. 메인 에세이야말로 자신의 색깔을 드러내고 돋보일 수 있는 최고의 기회다. 이를 효과적으로 전달하려면 먼저 자기 자신에게 솔직해져야 한다. 에세이를 작성하기 훨씬 전부터 자신의 열정과 성취, 일화 등을 미리 적어두는 습관을 들이는 것도 좋다. 타당성 또한 자기 성찰만큼이나 중요하다. 내가 중요하다고 생각하는 것이 읽는 사람에게는 그렇지 않을 수 있다! 신뢰할 수 있는 사람(상담자, 교사, 친한 친구 등) 네다섯 명에게 자세한 피드백을 받는 것도 추천한다. 글에 대한 객관적인 평가를 내리는 데에 도움이 될 것이다.

_ 오영준(Youngjun Oh), 조지타운 대학교 2019년 졸업

♥ 내 메인 에세이는 기본적으로 나 자신과 청소로봇인 룸바를 비교하는 것이었다. 나의 성격을 명확하게 소개하면서도 입학사정위원회의 관심을 끌 수 있는 독특한 주제를 찾기 위해 나의 특성과 룸바의 특징 사이의 유사점을 도출하고, 차

이점 역시 구체적으로 설명했다.

에세이를 작성하면서 직면한 가장 큰 어려움은 나 자신을 어떻게 소개하고 싶은지 파악하는 것이었다. 커먼앱 메인 에세이와 학교별 에세이는 원하는 방식으로 자신을 표현할 수 있는 일종의 그릇이다. 나는 이 기회를 최대한 활용해 적극성, 지적 호기심 등 대학이 원하는 나의 면모를 강조하고, 내가 학교 커뮤니티에 도움이 될 수 있는 특별한 학생임을 보여주고 싶었다.

_익명, 펜실베이니아 대학교 2027년 졸업 예정

♥ 나는 1학년 때 학교에서 하이킹을 하던 중 읽은 깨달음에 대해 썼다. 에세이를 쓰면서 겪은 가장 큰 어려움은 '독창적이면서도 간결해야 한다'는 것이었다. 입학사정관이 그날 읽을 수십 편의 에세이 중 하나일 나의 에세이를 돋보이게 쓰고 싶었다. 궁극적인 목표는 첫째, 입학사정관이 나의 지원서를 끝까지 읽는 것, 둘째, 나를 기억하는 것이다. 나는 입학사정위원회가 지쳐 있을 거라 상상하고, 나의 목소리와 경험, 답변이 다른 지원자, 특히 아시아 지원자들과 어떻게 차별화될 수 있을지 생각해보았다. 한 가지 방법은 유머를 섞는 것이었는데, 재미있게 읽은 글이 기억에 남는 법이기 때

문이다. 다른 아시아 학생들이 관심을 가질 만한 주제 즉 학교나 성적과 관련된 이야기는 피하려고 노력했다. 또한 다양한 경험과 감정을 보여주는 개인적인 도전에 대해 쓰려고 노력했다. 에세이는 입학사정위원회가 직접적인 만남 없이 지원자를 알게 하는 방법이다. 그러므로 "이 학생을 만나보고 싶다"라고 생각하게끔, 충분히 열린 태도를 보여야 한다.

_지니 정(Jinny Chung), 펜실베이니아 대학교 2026년 졸업 예정

❤ 나는 나의 요리 여정이 학생으로서 또 개인으로서 나의 성장을 반영한다는 내용의 커먼앱 에세이를 썼다. 이 주제를 선택하는 것은 쉽지 않았다. 왜냐하면 많은 친구들이 선교 여행이나 자원봉사를 통해 시야를 넓힌 이야기를 주로 썼기 때문이다. 그러나 나는 그 같은 주제들이 나 자신에 대해 이야기하는 데 적합하지 않다고 생각했다.

그보다는 내가 어떤 사람인지에 초점을 맞추고 싶었다. 나는 창의적이고 자유분방하면서도 매사에 열심인 사람이다. 이 아이디어를 메인 에세이로 확장하는 과정이 가장 어려웠다. 내 성격을 보여줄 이야기는 있는데, 이야기들을 하나로 묶는 방법을 알지 못했기 때문이다. 글의 개요를 잡는 일이 정말로 중요하다는 것을 이때 알았다. 개요에서 어떤

부분에는 고기가 더 필요하며 어떤 부분은 거침없이 잘라내야 한다고 조언하는 폴 선생님은 흡사 정육점 주인 같았다. 덕분에 탄탄한 개요가 완성되었다.

에세이를 시작하기 전에 탄탄한 개요를 작성했고, 결과적으로 좋은 에세이로 이어졌기에 돌아보아도 다시 수정하고 싶은 부분은 없다. 개요가 중요하다는 것은 중학교에서부터 배워온 상식이지만, 가장 지루한 일이기에 사람들이 가장 시간을 적게 투자하는 과정이기도 하다.

_이윤수(Justin Yoonsu Lee), 터프츠 대학교 2022년 졸업

♥ 나는 주말마다 아버지와 테니스를 친 경험에 대해, 시합에서 얻은 승리와 패배를 이민 가정에서 겪은 어려움과 성장에 비유하는 메인 에세이를 썼다. 먼저 학교에 전달하고자 하는 모든 주제를 담은 대략적인 개요를 작성하고, 글을 쓰면서 수정해나갔다. 에세이를 완성하는 동안 원래의 아이디어를 약간만 수정했다. 진솔함이야말로 견고한 에세이를 작성하기 위한 필수 요소라고 나는 믿는다. 학교에 보여줄 특정한 인격을 만들려고 노력하기보다는 지원서 전체의 핵심적인 측면을 개발하는 한편 자신의 성격에서 가장 빛나는 부분에 충실해야 한다. 만약 메인 에세이를 다시 쓰게 된다면, 시간

적 제약 때문에 많이들 꺼리는 활동인 '연극'을 통해 자아를 발견한 여정에 대해 써보고 싶다.

특정 대학, 해당 분야에 대한 연구를 보여줌으로써 진정한 관심을 나타내는 작업은 쉽지 않았다. 누구나 검색을 통해 관심 있는 학사 과정을 찾을 수 있지만, 해당 학교의 학사 과정에 대해 자세히 이해하고, 그에 대한 자신의 열정을 진정성 있게 전달할 수 있는 에세이를 작성하는 것은 어려운 일이다. 지금 대학 지원서를 준비 중인 학생이라면 대학의 학사 과정이 학생으로서 자신의 성장에 어떻게 작용할 수 있는지 깊이 있게 연구해보면 좋겠다. '무엇보다도, 구체적으로!'

_줄리 정(Julie Chung), 브라운 대학교 2026년 졸업 예정

♥ 나는 커먼앱 에세이에 재미있는 반전을 넣었다. 내 인생의 다양한 단계와 원숭이의 진화를 비교한 것이다. 고등학교 시절의 개인적인 경험과 유머를 결합해 에세이를 작성했는데, 이 조합이 내 성격을 잘 드러낸다고 느꼈다.

좋은 에세이는 자신의 활동과 경험을 단순히 '재구성'하는 것이 아니라 그것을 하나의 이야기로 만들어 전달하는 것이다. 말처럼 쉽지는 않지만, 에세이에 대해 과도하게 부담을 갖지 않아도 된다고 생각한다. 그저 나 자신과 나의 성격

에 대해 독특한 관점을 보여주는 이야기를 전달하면 된다. 스스로 이런 질문을 해보는 것도 좋다. '만일 사람들이 누가 썼는지 모른 채 내 에세이를 읽는다면, 그것이 나의 이야기 라는 걸 알아차릴 수 있을까?'

따라서 에세이에 대한 나의 조언은 다음과 같다. 커먼앱 에세이의 경우 자신의 색깔/개성을 보여주어야 한다. 학교 별 에세이의 경우 해당 학교(교수, 특정 수업 및 문화)에 대해 철저히 조사하고, 본인이 그 학교에서 성공적인 학생이 될 수 있다는 것을 증명해야 한다.

_익명, 서던캘리포니아 대학교 2026년 졸업 예정

14

조기 지원, 해야 할까?

얼리 액션과 얼리 디시전

조기 지원에는 두 가지 방법이 있다. 두 방법 모두 11월 1일(또는 학교에서 지정한 특정한 날짜)까지 지원서를 보내야 하며, 크리스마스 시즌 전에 결과를 받아볼 수 있다. 두 가지 지원 방식의 차이는 합격 후 학생에게 주어지는 선택권에 있다.

첫 번째 방법은 '얼리 액션Early Action'이라 불린다. 얼리 액션에서는 학생이 입학 제안을 거절하고, 다른 대학에 입학할 선택권이 있다. 두 번째 방법은 '얼리 디시전Early Decision'이다. 그 이름에서 짐작할 수 있듯, 학생이 대학에 입학하고 싶다는 것을 미리 결정했기에 반드시 합격한 대학에 입학해야 한다.

조기 지원의 이점과 위험성

상위권 학교의 연간 입학률은 약 10퍼센트다. 조기 지원자의 경우, 이 비율이 약 20퍼센트까지 올라간다. 약 2만 명의 학생들이 지원해 그중 2천 명이 합격하는 셈이다. 최근 몇 년 동안, 매년 약 5, 6천 명의 학생들이 상위권 학교에 조기 지원했고, 그중 약 1천 명 정도가 입학했다. 실제로 일부 상위 학교는 합격생의 대략 50퍼센트 정도를 크리스마스 시즌 전에 선발한다. 그렇다면 조기 지원하는 게 유리하지 않을까?

꼭 그런 것만은 아니다.

조기 지원하는 학생이라면, 정시 전형에 처음 지원하는 학생보다 '어려운 도전'을 하게 될 위험을 감수해야 한다. 조기 지원하는 학생들은 대부분 최고 중의 최고이다. 즉, 조기 지원을 하든 정시 지원을 하든 합격 가능성이 매우 높은 학생들이다. 경쟁이 극도로 치열한 것은 말할 필요도 없다. 이러한 상황에서 눈에 띄는 약점이 있는 학생이라면, 예를 들어 SAT 점수가 상대적으로 낮다면, 그의 점수는 1550점 이상의 점수를 받는 학생들 사이에서 더욱 두드러질 것이다. 물론 합격하지 못한 조기 지원자들은 불합격 대신 정시 전형으로 보류Defer될 수도 있다. '보류'란 다른 지원자들과 비교 평가할 기회가 있을 때까지 입학처가 학생에 대한 결정을 연기한다는 뜻이다. 이는 학생으로서는 힘든 싸움이 될 수 있다. 내가 보류된 지원서를 다시 검토하는 입학사정관이라면, "이 지원자는 이전의 평가에서 합격시킬 만한 지원자는 아니었다. 그렇다면, 지금 다른 정시 지원자들과 비교해 이 지원자만이 갖는 특장점은 무엇일까?" 하는 질문을 던질 것이다. 부정적인 인상을 품은 채 두 번째 평가를 시작하는 것이다. 그러므로 조기 지원 여부는 반드시 신중하게 결정해야 한다.

15

다시 대입을 치른다면…

장학 프로그램에 지원했더라면

나는 내 고등학교 시절이 모든 면에서 성공적이었다고 생각한다. 내신도 좋았고, 좋은 친구들이 있었고, 가족은 화목했으며, 문제에 휘말린 적도 없다. 무엇보다도 목표로 하던 대학에 합격했다. 그럼에도 아쉬움이 남는 구석이 있고, 고등학교 시절로 돌아간다면 바꾸고 싶은 것들이 있었다.

가장 아쉬운 것은 대학 장학 프로그램에 더 적극적으로

지원하지 않은 것이다. 물론, 지원한다고 장학금을 받는다는 보장은 없다. 하지만 만일 장학금을 받았다면 부모님의 재정적 부담을 덜 수 있었을 것이다. 내가 다닌 스타이브슨트의 입시 지도실은 장학금 공고를 정기적으로 게시했다. 그러나, 게으름 때문이었든, 무관심 혹은 무지 때문이었든, 나는 장학금을 신청하지 않았다. 지금 생각해보면 무척 후회되는 일이다. 나는 왜 내게 주어진 기회를 활용하지 않았을까. 하버드 등록금을 내기 위해 좋은 동네에 있는 집을 팔고 더 작은 아파트로 이사한 부모님을 위해서라도 적극적으로 행동했다면 더 좋았을 것이다.

커리어에 대해 더 진지하게 고민했더라면

고등학교에 다니는 동안 커리어에 대해 진지하게 고민하지 못한 것도 아쉽다. 고등학생이 커리어 고민을 한다니, 시기상조처럼 들릴 수도 있겠다. 그러나 커리어에 대한 탐구와 계획은 지원하는 대학과 공부하는 전공에 영향을 미친다. 대학에 들어가서 집중해야 하는 캠퍼스 활동도 달라질 것이다. 이를테면, 나는 이따금 동료들이 '제약 회사에서 일할 줄 알았더라면 대학에서 역사와 철학 대신 생물학과 마케팅 수업을 들었을 텐데…’ 하고 한탄하는 이야기를 듣곤 했다. 누구나 딱 맞는 자리를 찾기 전, 여러 번 결정을 수정할 수 있다. 그러나 새로운 분야로 옮겨가려면 그 분야에서 바로 적용할 수 있는 기술을 보유해야 하는 것도 사실이다. 특정 진로에 집중하여 의미 있는 시간을 보낸다면 진지하게 고민한 적 없는 사람에 비해 좋은 출발을 할 가능성이 크다.

이미 해당 업계를 겪은 사람들의 조언을 듣는 것도 큰 도움이 될 것이다. 학교는 다양한 직업과 분야별로 정리한 ‘동문 명단’을 정기적으로 업데이트한다. 내가 다닌 스타이브슨트 고등학교 동문회는 5년마다 동문 전체 명단을 만들이 졸업생들의 직업과 연락처 정보를 제공했다. 동문 중에는 의사, 변호사, 엔지니어, 경찰, 출판인, 우주인, 화학자, 정치 운동가, 국회의원, 연구 과학자, 투자은행 직원 등이 있다. 사람들은 대개 자신의 이야기를 하는 걸 좋아하는 데다 진로에 대해 배우고자 하는 후배들의 연락이라면 더더욱 반겨줄 것이다. 망설이지 말고 연락해보자. 운이 좋다면 선배의 직장에 초대받아 직업인으로서의 하루를 가까이에서 들여다볼 수도 있다.

청소년을 위한 커리어 지침서

커리어 방향에 대해 고민하고 있다면, 《파라슈트》(원제는 《What Color is Your Parachute?》이다)와 같은 진로 설계 책을 읽어보는 것도 좋다. 특정 전공자들을 위한 직업을 소개하는 책이나 청소년을 위한 직업 시리즈도 시중에 많이 나와 있다. 나 또한 고등학교에 다닐 때 이런 책들을 읽었다면 좋았을 것이다. 이런 책들은 자신에게 맞춤한 직업을 찾는 데 도움이 될 뿐만 아니라 해당 분야에 진출하기 위해 갖추어야 하는 학력과 역량을 알려주고, 좋은 직장을 구하는 방법도 귀띔해준다. 해당 분야의 정기간행물을 읽는 것도 큰 도움이 된다. 예를 들어, 비즈니스 분야에 대해 배우고 싶다면 〈비즈니스위크Business Week〉나 〈월스트리트저널The Wall Street Journal〉), 〈포춘Fortune〉 등을 읽으면 도움이 될 것이다. 꼭 정기구독을 하지 않더라도 가까운 도서관에서 읽을 수 있다. 정기간행물을 읽으면 해당 분야의 흐름을 알 수 있다. 지금 트렌드를 주도하는 이들이 누구인지, 업계에서 무슨 일이 일어나고 있는지, 그 일이 미래에 어떤 영향을 미칠지를 점쳐볼 수 있다. 해당 산업에 어떤 회사들이 있고 구체적으로 어떤 진로가 가능한지도 깊이 있게 이해할 수 있을 것이다.

한국에서 공부한 후 미국 대학에 들어간 경험은?

한국과 미국의 학교는 학사일정부터 문화적인 부분까지 많은 차이를 보인다. 미국 대학 진학을 고민하는 학생이라면, 한국에서 공부하다가 미국 대학에 진학한 학생들의 경험담이 많은 도움이 될 것이다. 어떤 어려움이 있었고 어떻게 극복했는지, 자신만의 장점은 어떻게 살렸는지 들어보자.

▼ 나는 아버지의 일 때문에 미국으로 이주하기 전까지 '예원 학교'에 다녔고, 비주얼 아트(미술)을 전공했다. 한국에서 중학교 3년을 모두 마쳤기 때문에 미국으로 이주했을 때 영어 공부를 많이 해야 했다. 분명 힘든 변화였지만 좋아하는 활동을 통해 영어를 익히면 좀 더 편한 마음으로 공부할 수 있을 거라 생각했다. 예를 들어, 영어로 쓰인 소설을 비롯해 여러 분야의 책을 읽으며 매일 10개의 어휘를 외우는 식이었다. 이것은 어휘력을 극적으로 늘리는 데 도움이 되었다. 그림 그리기 모임에 참여하여 그곳에서 친구들을 사귄 것도 도

움이 되었다. 미국의 교육 시스템에 적응하려면 나를 이해해 주고 언어 장벽을 극복하도록 도와줄 좋은 친구를 사귀는 것이 중요하다고 생각한다.

사실, 매일 부지런히 영어 공부를 하기란 쉽지 않았다. 날마다 최소 10개의 단어를 외우자는 규칙을 세웠는데, 이는 상당히 지루한 일이기도 하다. 나는 이때 토플도 준비하고 있었는데, 시험에서 좋은 점수를 받는 것이 미국 교육 시스템에 적응하면서 가장 힘들었던 일 중 하나였다.

하지만 목표를 하나씩 달성할 때마다 성취감도 느꼈다. 나는 거창한 목표 대신 '매일 영어책 10페이지 읽기' 같은 작은 목표들을 세웠다. 목표가 작은 만큼 자주 성취감을 느낄 수 있었고, 이는 다른 목표에 도전할 수 있는 원동력이 되어 주었다. 덕분에 좋은 고등학교와 좋은 대학에 진학하는 등 더 큰 목표를 달성할 수 있었다.

미국 대학에 다니는 장점이라면, 미국과 한국이라는 두 나라의 다양한 관점을 동시에 접할 수 있다는 것이다. 나는 한국에 있는 친구들과 여전히 연락을 주고받고 있고, 미국에도 친구들이 있다. 두 나라에서 정보를 얻으면 그 정보를 바탕으로 나만의 의견을 형성할 수 있어서, 다양한 주제에 대해 균형 잡힌 의견을 형성할 수 있다.

한국에 있을 때 열정을 쏟았던 활동도 지속하고 있다.

한국에서 예원학교에 다닐 때 비주얼 아트를 전공했고, 지금은 브라운 대학교에서 컴퓨터 공학을 공부하고 있다. 이 두 가지 관심사를 결합해 인디 게임을 직접 만들고 있는데, 매우 도전적이면서도 보람 있는 경험이다. 좋아하는 것을 추구했던 과거의 경험이 사람들에게 기쁨을 선사하는 기술을 습득하는 데 도움이 되었다고 생각한다.

한국에서 생활하고 공부한 경험은 미국에서 공부할 때 독특한 관점을 제공해주었다. 나와 비슷한 배경을 가진 학생이 있다면, 대입을 준비할 때 한국에서의 경험을 활용해 자신만의 스토리를 찾으라고 조언하고 싶다. 한국에서 좋아했던 활동이 있다면 미국에서도 그 관심을 구체적인 형태로 이어가노 좋겠다. 예를 들어 한국에서 사진을 좋아했다면, 사진 수업을 듣고 전국 사진 대회에 참가할 수도 있다. 미국에는 자신의 실력을 빛낼 수 있는 기회가 많기 때문에 대학에 지원할 때 풍부한 포트폴리오를 쌓을 수 있도록 적극적으로 기회를 찾으라고 권하고 싶다.

_정희원(Hee Won Chung), 브라운 대학교 2023년 졸업

▼ 한국의 국제학교에서 미국 명문 대학으로 진학하는 과정은 순탄하지만은 않았다. 게다가 고등학교 3학년이 끝나갈

무렵 팬데믹이 시작되었다. 몇 년 동안 꿈꿔온 학생 오리엔테이션이나 캠퍼스 투어를 포기해야 했던 것이다.

대학에 진학해서는 1학년 내내 온라인 수업을 들었다. 그래서 마침내 캠퍼스에 발을 내디뎠을 때, 나는 흡사 길을 잃은 기분이었다. 선배로서 더 많이 알아야 한다는 생각 때문에 신입생들에게 길을 물어보는 것도 부끄러웠다. 다른 학생들은 모두 친구를 사귄 것 같았고, 나는 그들과 어울려야 한다는 압박감에 끊임없이 쫓겼다. 오히려 소속감에 대한 강박을 버린 후에야 진정으로 소속감을 느끼기 시작했다.

미국 대학에서 공부하는 것은 여러분이 상상하는 것과 매우 다를 수 있다. 여러분의 기대를 꺾으려는 것은 아니지만, 안타깝게도 완벽한 교육, 완벽한 교수, 완벽한 동급생은 존재하지 않는다. 대신, 마음에 드는 교수와 싫어하는 교수 등 최악의 사람과 최고의 사람을 모두 만나게 될 것이다. 모든 사람이 저마다 독특한 배경을 가지고 있기에 미국의 교육은 세상을 보는 시야를 크게 넓혀준다. 이는 (다소 보수적인 한국 문화의 특성을 고려할 때) 학생들을 제한된 관점에 가두는 경우가 잦은 한국의 교육과 다른 점이다. 마지막으로 나와 비슷한 학생들에게 이렇게 말해주고 싶다.

"여러분의 시야는 더 나은 방향으로 확장될 거예요. 열린 마음가짐과 배우고자 하는 의지를 가지고 오세요!"

_제니퍼 김(Jennifer Kim), 노스웨스턴 대학교 2024년 졸업 예정

♥ 나는 한국의 국제학교에 다녔다. 국제학교의 학급당 학생 수는 많지 않다. 한국에서는 항상 같은 사람들을 만나고 같은 장소만 다니면서 작은 거품 속에 갇혀 사는 것 같았다. 그러나 미국으로 진학하면서 모든 것이 달라졌다.

내가 재학 중인 서던캘리포니아 대학교USC에는 2만 명이 넘는 학생이 있고, 친구를 사귀는 일은 꽤 어려웠다. 나에게 가장 큰 도전은 입학 오리엔테이션에서 다양한 사람들을 만나는 것이었는데, 정말이지 큰 에너지를 요하는, 쉽지 않은 일이있다. 그러나 시산은 흐르고 미국에서의 생활에도 익숙해졌다. 다행히도 USC의 분위기는 학업과 사회생활이 완벽한 균형을 이루고 있어서 비교적 쉽게 적응할 수 있었다.

학습량 측면에서는 고등학교보다는 적다고 말하고 싶지만, 시간 관리를 잘하지 않으면 자칫 힘들어질 수 있다. 나와 같은 어려움을 겪는 학생이 있다면, 부디 융통성을 갖고, 열린 자세로 새로운 사람들을 만나고, 안전지대를 과감히 벗어나보라고 조언하고 싶다. 그것이 결국 이뤄내야 하는 목표이기 때문이다.

_익명, 서던캘리포니아 대학교 2026년 졸업 예정

PART 2

대학 생활 정복하기

대학에서 목표 세우기

대학에 들어갔다. … 그다음엔?

가까운 서점에 가보자. 대학 입시에 대해서는 정말이지 셀 수 없이 많은 책이 나와 있다. SAT 교재부터 대학 소개서, 에세이 작성 가이드북, 지원서 전략서, 입학사정관이 쓴 해설집까지. SAT 시험과 에세이 작성, 입학 면접을 도와주는 사교육 기관(학원)도 전국에 있다. 스스로 열심히 노력하고 전문가의 도움도 받아 꿈에 그리던 대학교에 들어간 당신. 그런데… 그다음에는 어떤 일이 벌어질까?

머리말에서 언급했듯 정부 지원을 받는 아이비리그 졸업생이 적지 않다고 〈뉴욕타임스〉는 전한다. 고등학교에 다니는 내내 열심히 공부하고 다트머스 같은 명문 대학에 들어가 또다시 4년 동안 공부한 전도유망했던 학생은, 어쩌다 안정적인 직업도 없이 혹은 대학원 진학 계획도 없이 졸업을 맞게 되었을까…. 대체 무엇이 잘못된 것일까 곰곰이 생각한 끝에 나는 대학에 들어가는 데에는 엄청난 에너지를 쏟은 학생들이 정작 입학 이후에 무엇을 어떻게 해야 할지에 대해서는 충분히 고민하지 않는다는 결론을 내렸다. 아마 내 생각이 맞을 것이다. 나 또한 그런 학생이었으므로.

대학은 끝이 아니라 시작이다

대학은 끝이 아니라 시작이다. 그러므로 대학의 명성보다 그곳에서 무엇을 배우고, 그 지식으로 졸업 후 무엇을 할 것인가가 훨씬 중요하다. 대학에서의 성공 역시 어떻게 사회로 진출하느냐에 달려 있다. 학점이 전부가 아니라는 이야기이다. 여러분은 대학에서 훗날 커리어를 정복하는 데 필요한 기술과 지식, 능력을 준비해야 한다. 자신을 생산적인 사회 구성원으로 만들어줄 대학을 골랐다면, 그때부터는 본격적으로 '현실 세계'로 나아가기 위한 준비를 시작해야 한다. 학업은 물론 다양한 캠퍼스 활동, 아르바이트, 여름 인턴십 등을 통해 커리어를 갖춰가는 데 집중해야 한다.

나는 어땠을까? 8학년부터 12학년까지, 내 인생의 유일한 목표였던 하버드를 향해 달려온 나는 정작 하버드에 입성하자마자 길을 잃고 말았다. 좋은 대학에 들어갔으면 그만인 거 아니냐고 생각하는 사람도 있을 것이다. "하버드에 들어가면 성공적인 인생이 보장됩니다!", "하버드는 내일의 리더를 양성합니다. 리더가 되고자 한다면, 반드시 하버드에 가야 합니다!" 이 같은 말에 우리는 곧잘 현혹되지 않던가. 그러나 목표가 없다는 것은 정말로 큰 문제이다. 어러분은 지금부터 이어질 나의 경험을 거울 삼아 대학에 들어갈 때 반드시 목표를 세우기를 바란다.

2

고등학생이 대학생이 되기까지

대학에서 길을 잃다

돌아보면, '하버드 입학'이라는 목표에 지나치게 집착한 나머지 입학해서 무엇을 할 것인가에 대해서는 진중하게 고민할 겨를도 없었다. 명문 대학, 특히 하버드에 들어가는 것은 나의 유일한 목표이자 내가 하는 모든 노력의 이유였다. 불행하게도 나는 하버드 같은 학교에 다니는 것이 무엇을 의미하는지 알지 못했다. 가장 중요한 문제에 대해 충분히 생각하지 않은 것이다.

1990년 9월, 부모님이 나를 하버드 대학교가 있는 매사추세츠 주 케임브리지에 데려다주셨다. 기대에 차서 케임브리지에 발을 내디딘 나는 수년 만에 처음으로 무서운 현실에 부딪혔다. 길을 잃은 것이다. 추구할 목표가 없었기에 가야 할 방향도, 목적지도 없었다. 더 힘들었던 건, 똑똑하고 부지런한 주변 친구들은 다들 인생에서 무엇을 하고 싶은지 알고 있는 듯 보였다는 것이다. 나만 뒤처진 것 같았고, 학업은 엉망이 되었다. 나는 첫 학기에 미시 경제학, 인류학/고고학, 일본사, 스페인어를 수강했다. 이 무작위적 조합은 대학에서 무엇을 공부하고 싶은지 감을 잡지 못한 결과물이다. 지도교수는 어떤 과목을 공부할지 '탐구'하고 '경험'해보라고 나를 격려했다. 물론 좋은 의도가 담긴 조언이있지만, 교수님의 말이 그나마 남아 있던 약간의 관심사를 마구 분산시켜 상황을 악화시켰다. 하버드에서 치른 첫 중간고사 성적은 'D'였다. 캠퍼스 생활을 즐기느라 D를 받았다면 억울하지는 않았으리라. 그러나 나는 그저 어영부영하다가 D를 받았다.

나는 성적이 향상될 때까지 캠퍼스 생활을 즐길 수 없었다. 빙산을 만난 나의 배는 빠르게 가라앉고 있었고, 나는 생존에 직결되지 않은 모든 걸 내던졌다. 다시 말해 캠퍼스 활동을 하거나 친구들과 어울릴 수 없었고, 매일 수업이 끝나

자마자 도서관, 식당, 기숙사로 돌아가야 했다. 대학에는 학생을 격려하고 공부법을 알려주는 사람이 없다. 이는 하버드든 지역 전문대학이든 마찬가지이다. 자신의 운명을 온전히 스스로 책임져야 하는 것이 바로 대학 생활이다.

스스로 목표를 세우고 홀로 서는 시기

내가 들었던 수업의 교수님은 나와 한 가지 약속을 했다. 만약 내가 기말고사에서 극적으로 발전한 모습을 보여주면, 최종 성적을 낼 때 중간고사 성적을 반영하지 않겠다고 말이다. 중간고사 성적이 엉망이었음에도 학기 말에 성적이 향상되어 나는 가까스로 성적 우수자로 학기를 마쳤다. 그럼에도 나는 학업 성적과 부족한 캠퍼스 활동을 채우는 데 몇 학기를 보내야 했다. 향상된 성적에 마냥 안주할 수는 없었다. 첫 학기에 잃어버린 나만의 속도와 추진력을 재구축해야 했다. 귀중한 학점을 낭비했기에 훗날 학년이 올라갔을 때 적절한 선택 과목을 들을 수 있도록 여러 요건을 충족하는 수업을 찾아야 했다. 모든 면에서 나보다 한 학기 앞선 학우들을 따라잡기 위해 기를 썼고, 캠퍼스 활동에 참여하며 조직 임원이 되고자 노력했다.

그렇다. 대학에 입학할 때 가장 필요한 것은 졸업 이후의 꿈과 목표이다. 특정한 직업이든 대학원이든, 탄탄한 목표가 있다면, 그에 따라 수강과목을 선택할 수 있다. 캠퍼스 활동 역시 졸업 후의 커리어를 고려해 시작할 수 있으리라. 목표가 있는 학생만이 대학 생활을 진정으로 즐길 수 있음을 명심해야 한다.

3

어떤 전공을 선택할 것인가?

전공을 찾는 것은 자아를 찾는 것이다

하버드에서 나의 전공은 동아시아학East Asian Studies이었다. 다른 대학과는 달리 하버드는 전공을 메이저Major 대신 콘센트레이션Concentrations으로 표기하지만, 이 책에서는 많은 학생들을 위해 넓은 의미의 전공에 대해 쓰고자 한다. 나는 1학년 봄 학기에 동아시아학을 공부하기로 선택했다(하버드는 대부분의 대학들보다 1년 빠른 1학년 말에 전공을 정하도록 한다). 솔직하게 말하자면, 다른 전공에 크게 매력을 느끼지 못하기도 했다.

언급했듯 나는 첫 학기에 일본사 수업을 들었다. 이 수업은 특별히 나의 관심을 끌었다. 우리는 이 수업을 '쇼군 Shogun'이라 불렀는데, 수업에서 주로 다룬 1560년부터 1650년까지 세 군벌이 이룬 일본의 통일이 드라마로도 방영된 제임스 클라벨James Clavell의 대하소설 《장군》에 묘사되어 알려졌기 때문이다. 나는 늘 인문학적 역사에 심취해 있었고, 이 수업은 정규 교과 과정에서 아시아 과목을 공부할 수 있는 첫 번째 기회였다. 어쩌면 내게는 그 수업이 '자아 찾기'를 할 기회였는지도 모른다. 나는 내 조국과 그 역사에 대한 지식에 목말라 있었다.

나는 한국계 미국인이다. 집에서 한국어를 쓰고 한식을 먹고 한인 교회에 다니며 한국인 친구들과 어울리고 한국에도 방문하지만, 그럼에도 나는 늘 나 자신이 한국인보다 미국인에 가깝다고 느꼈다. 그러면서 한국과 아시아에 대해 알고 싶다는 강한 내적 열망을 느꼈다. 그 지역의 역사는 어땠을까? 아시아 경제의 기적은 어떻게 가능했을까? 한국과 일본의 관계는 어떻게 형성된 것일까? 미국과 아시아의 관계는 어땠을까? 한국 전쟁과 베트남 전쟁에 대한 약간의 지식은 있었지만, 이 두 전쟁이 계기가 되어 미국이 아시아, 한국과 교류하게 된 것일까? 나는 내 조국에 대한 호기심을 느꼈지만, 하버드에 오기 전까지 이러한 호기심을 해결할 정규 교육의 기회가 없었다.

대학은 최고의 학자에게 배울 기회다

하버드에서 나는 훌륭한 학자들의 지도하에 공부했다. 예를 들면, 일본 사회학과 아시아의 산업화에 대해 가르친 에즈라 보겔 교수님은 해당 분야의 대단한 권위자였다. 이를테면 이런 일이 있었다. 일본에 방문한 조지 부시 대통령(1989~1993 재임)이 건강이 좋지 않은 데다 여독이 겹쳐 공식 만찬 자리에서 쓰러지고 말았다. 그날 밤, 테드 코펠이 진행하던 ABC 방송국의 저녁뉴스 〈나이트라인〉은 전국 생방송으로 보겔 교수님을 인터뷰하며, 이 사건이 향후 미-일 관계에 어떤 영향을 미칠지 묻고 교수님의 견해를 청취했다. 이때 나는 하버드에서 공부하는 것이 얼마나 행운인지를 깨달았다. 나는 세계 최고의 아시아학 학자에게 교육받고 있었던 것이다!

또 다른 예로 나의 졸업논문 지도교수였던 카터 에커트 교수님이 있다. 나는 박정희 대통령이 군사 쿠데타로 세운 자신의 정권을 합법화하기 위해 한국 교육 시스템을 이용한 것에 대해 논문을 썼다. 에커트 교수님은 한국 근대사 전문 가였다. 그분은 연구차 한국을 여러 번 찾았고, 심지어 박정희 대통령의 가족들을 직접 만나기까지 했다. 논문을 지도하는 동안 에커트 교수님은 한국 근대사에 대한 자신의 학식과 견해를 내게 고스란히 공유해주었다. 최고의 학자의 통찰을 듣는 것은 분명 아무나 경험할 수 없는 특권이다.

아시아의 기술 성장세에 힘입어 아시아 관련 지식에 프리미엄 가치가 더해지던 시절이었다. 대학에 입학하기 전, 나는 국제적인 직업을 갖는 것에 대해 잠깐 생각해보았다. 막연히 생각만 했을 뿐 특정한 직업을 마음에 두지는 않았다. 그러나 장래성이 있어 보였기 때문에 동아시아학 전공을 선택했고, 태평양까지 섭렵해보기로 했다. 그런 생각으로 한국어와 일본어를 각각 2년 동안 공부했다. 동아시아학과의 졸업 요건에 외국어 학점이 있기도 했거니와, 국제적인 직업을 갖기 위해 최소한 아시아 언어 두 가지에는 능통할 필요가 있었기 때문이다.

4

전공은 대학 생활에 어떤 영향을 끼치는가?

대학 공부법은 다르다

동아시아학과가 아니었다면, 나의 대학 경험은 완전히 달라졌을 것이다. 나는 한국, 아시아, 그리고 연구 기관으로서의 하버드에 대해 많은 것을 배웠다. 무엇보다도, 도전에 맞서는 태도를 갖추고 멘토를 만나 삶의 기술을 배우는 귀중한 경험을 얻었다.

하버드에 오기 전까지, 나는 스타이브슨트의 비교적 '느슨한' 공부 방식에 익숙해져 있었다. 앞서 이야기했듯 나는 시간을 최대한 활용해 공부했고, 요점을 이해하고 다음으로 넘어가는 내 전통적인 공부 방식은 고등학교에서 제법 통했다. 그러나 대학 공부는 달랐다. 지적 판단과 철저한 분석이 하버드의 방식이었다. 지적 판단을 하려면 복잡한 문제를 다양한 관점에서 생각하며 방대한 양의 문헌과 책을 읽어야 했고, 철저한 분석을 하려면 읽은 것에 대한 사고와 비평을 발전시킬 수 있는 폭넓은 글쓰기가 필요했다.

나는 매주 수업마다 300페이지 이상의 글을 읽는 데 익숙하지 않았다. 두세 가지 수업을 듣는데 수업마다 비슷한 읽기 과세가 있고, 거기에 매일 과제를 내는 외국어 수업까지 추가된다고 상상해보라! 매 수업 시작 전에 간결하면서도 면밀한 비평문을 제출하도록 요구하는 수업도 있었다. 스트레스, 스트레스, 스트레스! 나는 적응하는 데 어려움을 겪었다. 기본적으로 동아시아학과에서의 3년은 지적 기초를 쌓는 훈련 내지는 부트 캠프나 다름없었다. 강사들은 교관이었고, 나는 새파란 신병이었다. 그러나 그 경험은 나를 엄청나게 성장시켰다. 스타이브슨트 수영팀에서 기른 인내가 도움이 되었으리라. 끈기 있는 태도 역시 대학에서 더욱 단련되었다. 학업은 감당하기 어려웠지만, 나는 포기하지 않을 작정이었다.

멘토를 찾고 그들의 조언에 귀를 기울여라

나는 분위기에 압도되지 않고, 오히려 분위기를 휘어잡고 싶었다. 내가 하버드에서 가장 뛰어난 학생이 아니라는 것은 나도 알았다. 하지만 가장 우둔한 학생이 아니라는 것 또한 알았다. 내가 하버드에 있었던 건, 그곳에 있을 만한 사람이기 때문이었다. 나는 부모님을 생각했고, 나와 동생 데이비드에게 건 부모님의 기대를 떠올렸다. 동생 데이비드가 건넨 말에서 용기를 얻기도 했다. "하나님이 우리를 이 나라에 데려와 하버드와 웨스트포인트(West Point, 미국 육군사관학교)에 보내신 데에는 이유가 있을 거야. 하나님은 힘든 시기를 보내는 우리를 외면하지 않을 거야." 신입 생도였던 데이비드는 당시 상급 학생들의 '신고식'으로 힘들어하고 있었기에 그 말은 더욱 내 마음을 울렸다.

마침내 나는 동아시아학과 최고의 대학원생 멘토를 찾아 유대감을 쌓게 되었다. 형구 선배는 내가 3학년 때 수강했던 한국 근대사 세미나의 강사였다. 그는 나에게 준비의 중요성에 대한 잊지 못할 교훈을 주었다. 어느 날, 나는 그가 제시한 분석 과제에 대답할 준비를 하지 못했고, 그는 학우들 앞에서 나를 호되게 꾸짖었다. 돌아보면 형구 선배는 하버드

내에서도 똑똑한 사람으로 유명했다. 그는 나를 망신 주었지만, 나는 화가 나지 않았다. 답변을 준비하지 않은 내 탓이었다. 그의 비판에는 개인적인 감정이 담겨 있지 않았다.

사실 그는 인정이 많은 사람이었다. 문제의 그 수업이 끝나고, 형구 선배는 나에게 자신의 연구실까지 함께 가자고 청했다. 수업에서 있었던 일로 내가 충격받지 않았는지 확인하려는 것이었다. 나는 그의 사려 깊음이 존경스러웠다. 그 날 이후 우리는 탄탄한 우정을 쌓기 시작했다. 내가 하버드를 졸업하고 1년 뒤 한국으로 이사했을 때, 형구 선배도 박사 논문 연구를 위해 한국에 왔다. 함께 시간을 보내며 우리의 우정은 더 견고해졌다. 그가 한국을 떠나 일본으로 가고, 다시 뉴욕으로 돌아간 후에도 우리는 이메일과 전화를 통해 연락을 주고받았다. 내가 3년간의 한국 생활 후 다시 뉴욕에서의 삶에 적응하며 힘든 시기를 겪고 있었을 때도 그의 도움으로 헤쳐나갈 수 있었다. 내가 컬럼비아 경영대학원에 지원할 때 추천서를 써준 사람도 형구 선배였다. (내가 추천서에 대해 했던 말을 기억하는가? 추천서는 친구에게 부탁하는 것이 최고다!) 그는 2002년 시애틀에서 열린 나의 결혼식에 와주었고, 나는 가끔 그가 있는 캐나다를 찾아 함께 식사하며 의견을 나눈다. 형구 선배는 영원히 나의 멘토일 것이다.

글쓰기가 성공을 결정한다

나는 학생들에게 가능한 한 철저하고 빠르게 글쓰기 능력을 개발하도록 권하고 독려한다. 예리한 글은 반드시 대학과 직장에서의 성공으로 이어진다. 사실, 글쓰기 능력은 다양한 상황에서 필수적이다. 친구에게 보낼 짧은 이메일을 쓰든 직장에서 중요한 문서를 작성하든, 글쓰기는 늘 중요하다.

하버드에 막 입학했을 때, 나는 다섯 장짜리 리포트를 쓰는 데도 어려움을 겪었다. 스타이브슨트의 교육은 훌륭했지만 모든 면에서 나를 준비시켜주지는 않았다. 하버드를 졸업할 때까지, 나는 85장짜리 졸업 논문을 포함해 셀 수 없이 많은 글을 썼다. 대학에서 받은 교육은 글쓰기 역량을 크게 향상시켰다. 나는 책을 읽고 작성하는 비평문을 수도 없이 썼고, 기말고사는 거의 항상 논술형이었다. 논술형 기말고사는 주어진 세 시간 내에 한 학기 동안 배운 내용을 바탕으로 설득력 있고 논리적인 답변을 전개할 것을 요구했다. 그로부터 10년 후 나는 존슨앤드존슨에서 전략 기획을 담당하게 되었다. 회사의 중요한 결정에 영향을 미치는 전략을 바탕으로, 여러 장으로 된 보고서를 짧은 시간 안에 작성하는 일을 주기적으로 하게 된 것이다. 내가 그 일을 해낼 수 있었던 것은 명백히 대학에서 경험한 혹독한 글쓰기 훈련 덕분이었다.

대학에서는 시험이나 논문에 쓴 글이 명확하고 간결하고 논리적이지 않으면 낮은 학점을 받는다. 사실, 대학 시절에 낮은 학점을 받는 것 자체가 큰 문제는 아니다. 그러나 직업 세계에서는 명확하고 간결하며 논리적인 글을 쓰지 못하면 장기적으로 커리어에 큰 타격을 입는다. 이는 명백히 큰 문제이다. 글쓰기 능력이 커리어에 필요한 유일한 요소는 아니지만, 한 사람의 사회적 성공 여부를 판가름하는 결정적 요소임에는 분명하다.

영어 글쓰기 능력, 어떻게 개발했어?

글쓰기는 정말 중요하다. 대학에 입학한 후엔 더더욱 그렇다! 대학 재학생과 졸업생들에게 글쓰기에 대한 경험을 물었다. 언제 글쓰기의 중요성을 처음 인식했는지, 글쓰기 능력을 향상시키기 위해 어떤 노력을 기울였는지, 특히 영어로 글을 쓰는 데 어려움은 없었는지 들어보자.

▼ 글쓰기는 우리가 서로 소통하는 주요한 방법이다. 자신의 생각, 아이디어, 감정을 얼마나 잘 전달하느냐에 따라 일의 결과가 달라질 수 있다. 낯선 사람에게, 고용주에게, 직원에게, 심지어는 사랑하는 사람에게도. 신중하게 작성한 문장 하나하나에는 우리의 생각이 반영되며, 아름답게 작성된 글을 읽는 사람들은 그 차이를 알거나 최소한 느낄 것이다.

학창 시절에는 글을 쓰라고 해서 썼다. 글쓰기는 부모님과 선생님의 끝없는 요구에 부응하기 위한 또 다른 짐 같았다. 고등학교를 졸업하고 그 지긋지긋한 일을 안 해도 되는

줄 알았지만… 대학에서도 마찬가지였다!

그러나 여러 시행착오를 거치며 글쓰기가 주제와 주장, 예시를 연결하는 단순한 형식 이상의 것임을 깨달았다. 각각의 단어와 구절, 문장이 의미를 전달하는 데 얼마나 중요한지를 그제야 깨달은 것이다. 애니메이션 〈니모를 찾아서〉에서 도리가 '계속 헤엄쳐!'라고 외쳤듯 글쓰기에 관한 한 나 역시 '계속 쓰라'고 조언하고 싶다. 그냥 쓰고, 계속 쓰고, 또 계속 쓰는 수밖에 없다고.

_브라이언 김(Brian Kim), 서던캘리포니아 대학교 2021년 졸업

♥ 나는 원래 한국어로 소설 쓰기를 좋아했다. 미국에 와서 영어 글쓰기 실력을 향상시키기 위해 영어로 소설을 쓰는 연습을 하기로 결심했다. 영어로 소설을 쓰며 내가 표현하고자 하는 바를 적절하게 드러내는 단어를 찾아볼 수 있었고, 어휘력도 향상되어 점점 더 나은 글을 쓰게 되었다. 나중에는 폴 선생님의 도움을 받아 SF 소설 선집을 자체 출판해 아마존닷컴에서 판매하기까지 했다. 이를 통해 작가로서 자신감을 얻게 되었다.

글쓰기를 많이 요구하는 전공은 아니어서 지금은 읽기에 더 집중하고 있다. 하지만 나는 여전히 소설을 쓰고 어휘

력과 작문 실력을 유지하기 위해 꾸준히 책을 읽으려 노력하고 있다.

_정희원(Hee Won Chung), 브라운 대학교 2023년 졸업

▼ 글쓰기에 대한 나의 조언은, '간결하게 쓰는 연습을 하라'는 것이다. 대학 입시를 위한 글쓰기 혹은 학업 프로필을 보완할 목적의 Op-Ed(자신의 의견을 논리적으로 전개하는 기고문) 글쓰기는 제한된 분량 속에 많은 내용을 전달하는 능력을 요구한다. 개인적으로는 분량의 제약으로 인해 내 생각을 충분히 전달하지 못하는 상황에서 자주 고민했다.

이 문제를 극복하려면 무엇보다도 글의 목적을 명확히 파악하고 범위를 좁히려는 노력이 필요하다. 특히, 글의 목적을 한 문장으로 요약할 수 있다면 충분히 범위를 좁히는 데 성공했다고 볼 수 있을 것이다.

_김정하(Jeongha Kim), 펜실베이니아 대학교 2026년 졸업 예정

▼ 글쓰기 능력을 키워야 한다고 평소 생각은 해왔지만, 대학에 와서 그 필요성을 더욱 절감했다. 아이디어를 종합하고, 자신만의 문장으로 구성하고, 글의 구성에 대해 비판적으로

생각하며, 전체 과정을 인내심 있게 계속하는 능력은 대단히 가치 있고 응용 가능한 기술이다. 나는 고등학교 시절, AP 세미나와 리서치, 미국사와 같은 '전문적'이고도 '학문적' 글쓰기를 요구하는 인문학 과목을 수강해 집중적인 읽기 및 쓰기 과제를 수행하며 글쓰기가 엄청나게 향상되었다고 생각한다. 엄격한 동료 검토Peer Review를 거친 학자들의 글쓰기 스타일을 모방하고, 그들의 글에서 흔히 사용되는 단어와 문구를 내 글에 적용했다. 글쓰기 실력이 향상됨에 따라 점점 자신감과 인내심을 갖게 되었고, 글쓰기 자체를 즐기게 되었다.

대학에 진학한 후에도 노력은 계속되고 있다. 나는 여전히 많은 학술적인 글을 읽고, 여러 문체를 따라서 써보고, 올바른 문법에 관한 책을 읽는다. 대학 생활을 준비 중인 학생들에게도 많은 책을 읽고 정보를 종합하고 비판적으로 사고하며 퇴고를 거듭하는 과정을 받아들이라고 조언하고 싶다. 물론, 아이디어를 얻는 데 ChatGPT와 같은 생성형 AI의 도움을 받을 수 있겠지만, 이를 사용해 글 전체를 쓸 수는 없으며, 만일 그렇게 한다면 역량을 향상시킬 귀한 기회를 놓치게 된다. 또한 대학에서 수행하는 대부분의 작문 과제는 매우 복잡하고 세련된 주제로 이루어져 있기 때문에 ChatGPT를 사용할 수 없는 것도 사실이다.

_익명, 브라운 대학교 2025년 졸업 예정

❦ 고등학교에서는 주로 기본적인 분석적 글쓰기를 배웠기 때문에 대입 에세이를 쓰기 시작했을 때 1인칭 내러티브 글쓰기가 상대적으로 낯설게 느껴졌다. 에세이를 쓰면서 자신을 잘 표현하는 것이야말로 최고의 역량이라는 것을 깨달았다. 면접을 보거나 이력서를 제출하는 등 새로운 사람들을 만날 때 첫인상을 효과적으로 표현할 수 있기 때문이다. 이 깨달음은 대학에서 인터뷰와 연설하는 법을 배우며 더욱 확고해졌다.

강력한 내러티브는 진실되면서도 열정이 담겨 있어야 한다. 대학 지원서나 이력서를 작성할 때 진실성을 유지하는 것이 필수적인 이유이다. 자신만의 포인트를 독창적인 언어로 강조할 것. 이것이 내가 전하는 조언이다.

_애슐리 구(Ashley Koo), 코넬 대학교 2024년 졸업 예정

❦ 글쓰기 능력은 대학과 직장 생활에 없어서는 안 될 필수 요소이다. 나는 대학 세미나 수업을 통해 글쓰기가 얼마나 중요한지 깨달았다. 글쓰기 능력을 향상시키는 가장 좋은 방법은 뭐니 뭐니 해도 지속적인 독서라고 생각한다. 다행히 내게는 고등학교 시절 매일 뉴스 기사를 한 편씩 읽으라고 독려해준 폴 선생님이 있었다. 대학에서는 여가 시간에 억지

169

로라도 독서를 하려고 했고, 교수님이 추천해주신《The Elements of Style》(한국어판은《영어 글쓰기의 기본》으로 출간되었다)와 같은 글쓰기 안내서를 읽었다.

그렇게 들인 나의 독서 습관은 대학과 직장 모두에서 좋은 결과를 가져다주었다. 나는 세미나 수업에서 높은 성적을 거뒀으며, 직장에서도 프리젠테이션과 문서 또는 이메일에 명확하고 간결한 글쓰기를 할 수 있었다.

나는 지금도 매일 한 편 이상의 뉴스 기사를 정독하려고 노력하고 있다. 내가 하고 싶은 조언은, 자신만의 독서 습관을 기르라는 것이다. 〈월스트리트저널〉 기사를 읽어도 좋고, 관심 있는 분야의 책을 읽어도 좋다. 이렇게 누적된 독서량이 분명 좋은 결과로 이어질 거라 확신한다!

_오영준(Youngjun Oh), 조지타운 대학교 2019년 졸업

♥ 초등학생 때부터 글을 잘 쓴다는 말을 많이 들었다. 당시에는 독서가 나의 글쓰기에 큰 영향을 주었던 것 같다. 많이 읽다 보면 어떤 글이 더 좋고 매력적으로 읽히는지 자연스럽게 배울 수 있기 때문이다.

독서를 전처럼 하지 못한 지난 5년 동안 나는 열렬한 글쟁이로 살았다. 사실, 적극적인 글쓰기 연습 또한 너무나 중

요하다. 고등학교 1학년 때 나는 글쓰기에 대한 열정 하나로 개인 블로그를 시작했다. 영화 대본 감상평을 쓰고, 생각을 나누고, 과거 경험에 대한 소회 등을 올렸다. 일기도 많이 썼다. 전에는 매주 일기를 썼지만 지금은 기억에 남는 경험에 대해 쓴다. 최근에는 독서를 다시 시작했다. 하루에 적어도 30분은 읽으려고 노력한다. 독서를 하면 시야가 넓어지고 다양한 스타일의 글을 접할 수 있기 때문이다.

나는 무엇보다도 과정 자체를 즐기라고 조언하고 싶다. 자신의 생각을 적고, 문장을 재배치하거나 문체를 발전시켜 보는 거다. '잘 써야 한다'는 강박관념에 사로잡히면 진정성을 잃게 되고, 그것은 글에도 고스란히 드러난다. 글쓰기 기술은 어디에나 적용 가능하기 때문에 절대로 익혀서 손해볼 일이 없다!

_제니퍼 김(Jennifer Kim), 노스웨스턴 대학교 2024년 졸업 예정

♥ 나는 영어로 글을 잘 쓰는 것이 중요하다는 것을 늘 알고 있었다. 왜냐하면 바로 내 오빠가 어려움을 겪는 것을 곁에서 지켜보았기 때문이다. 다행히 내가 다니던 보딩스쿨에는 훌륭한 영어 프로그램이 있었고, 좋은 선생님들도 있었다. 나는 선생님께 적극적으로 피드백을 요청하고, 배운 내용을

내 글에 적용하려고 노력했다. 기숙사 옆에 피어난 장미의 색이나 미국에서 벌어지는 정치 상황에 대한 생각 등에 대해 글을 써서 학교 신문에 기고하기도 했고, 그 글을 엮어 만든 책을 지금도 가지고 있다. 그냥 영감이 떠오를 때마다 글을 썼다.

어느 날, 수업 시간에 시를 썼는데, 놀랍게도 선생님이 대회에 출품해보라고 하셨다. 처음에는 내가 자랑스러워하는 작품을 낯선 사람들이 읽고 거절할지도 모른다는 생각에 망설였다. 내 작품이 수상할 수 있다고는 조금도 생각하지 않았고, 그래서 부모님에게도 알리지 않았다. 그래서 내가 금상을 받았다고 선생님이 발표했던 순간의 충격이 아직도 생생하다. 덕분에 자신감을 얻었고, 글쓰기를 두려워하지 않게 되었다.

내 조언은 단순하다. 계속해서 쓸 것, 그리고 피드백 받는 것을 두려워하지 말 것. 그것이 글쓰기가 발전하고 진화하는 방법이다.

_지니 정(Jinny Chung), 펜실베이니아 대학교 2026년 졸업 예정

♥ 나는 대학 2학년 무렵에야 글쓰기 능력을 키우는 것이 어른으로서의 삶에 필수적이라는 것을 깨달았다. 체계적인 글

쓰기는 체계적인 사고와 같기 때문이다.

중학교 때 매주 여러 편의 에세이를 쓰고 마지막에는 10페이지 분량의 논문을 제출해야 했던 폴 선생님의 여름 글쓰기 캠프를 거치며 글쓰기 능력이 향상되었다. 에세이와 글쓰기 전반에 대한 접근 방식에 큰 도움을 받았고, 덕분에 글쓰기에 대한 두려움을 극복하고 보다 체계적으로 사고하게 되었다.

내 글쓰기 능력을 향상시켜준 몇 가지 방법을 소개하겠다. 첫째, 글을 쓰기 위해 앉아 있지 않을 때도 주제를 생각할 것. 내 경험상 책상에 앉아 있지 않을 때 가장 좋은 아이디어가 떠오른다. 둘째, 연습하고 또 연습할 것. 글쓰기의 핵심은 연습이다. 글쓰기는 어려운 일이며, 그것을 마스터하는 데 일생이 걸리기도 한다. 따라서 가능한 한 일찍 준비를 시작하는 것이 좋다.

_이윤수(Justin Yoonsu Lee), **터프츠 대학교 2022년 졸업**

▼ 글쓰기 능력을 키우는 것이 학업에 매우 중요하다는 건 알고 있었지만, 처음부터 실감한 건 아니었다. 나는 고등학교 1학년 때 강도 높은 작문 커리큘럼을 거치며 그 중요성을 깨달았다. 매주 글쓰기 워크숍에 참여해 글을 제출하고 평가

를 받았다. 이때 나는 학교 매거진에서 편집자로도 활동했는데, 덕분에 글쓰기가 크게 향상되었다.

글쓰기 능력은 학교에서나 직장에서나 매우 중요하다. 탄탄한 기초를 다진 사람들은 지원서와 이메일, 보고서에서 더 나은 커뮤니케이션 능력을 발휘할 수 있다. 나는 대학에서도 전공 필수 과목 외에도 글쓰기 강좌를 수강하고 논픽션 책을 읽는 등 글쓰기를 위한 노력을 지속하고 있다. 대학 생활을 준비하는 후배들에게 가능한 한 많은 책을 읽고 그 내용을 흡수하며 꾸준히 써보라고 권하고 싶다. 처음에는 벅차게 느껴지겠지만, 조금씩 연습하다 보면 반드시 성장하게 될 것이다.

_줄리 정(Julie Chung), 브라운 대학교 2026년 졸업 예정

♥ 나는 대입 에세이를 쓸 때가 되어서야 글쓰기의 중요성을 인식하게 되었다. 평소 글쓰기 실력이 나쁜 편은 아니었지만, 개인적이고 내러티브가 있는 글을 씀에 있어 부족함을 느꼈다. 대부분의 고등학생은 학교에서 이러한 유형의 글쓰기를 할 일이 많지 않기 때문이다.

글을 잘 쓰려면 책을 많이 읽으라고 다들 이야기한다. 그러나 이미 글쓰기의 벽에 맞닥뜨린 고등학생에게는 그럴

만한 시간이 없을 것이다. 나의 최고의 조언은 많이 쓰라는 것이다. 대입 에세이를 여러 번 반복해서 쓰다 보면 자연스럽게 깨닫게 될 것이라 생각한다.

나는 글쓰기 능력을 향상시키는 것이 아마도 인생에서 가장 중요한 일일 거라고 생각한다. 대학에서는 논문을 써야 하고, 인턴십에 지원하려면 자기소개서를 작성해야 하며, 교수와 동료들에게 많은 이메일을 보내야 한다.

이 글을 읽는 고등학생들에게 너무 늦기 전에, 지금 당장 글쓰기 연습을 시작하라고 말하고 싶다.

_**익명, 서던캘리포니아 대학교 2026년 졸업 예정**

5

다시 전공을 선택할 수 있다면

기술 중심의 전공과 학문 중심의 전공

이야기를 시작하기 전에, 이 책에서 사용할 '학문Know-ledge'과 '기술Skill'의 정의에 대해 먼저 이야기하고자 한다. '학문'은 연구 자료의 집합으로, 사실과 견해를 포괄한다. 역사, 문학, 정치학 등 인문학 분야의 전공이 학문 중심의 전공이다. 반면 '기술'은 특정 목적을 가지고 사실과 견해, 다양한 자료를 분석하고 합성하는 능력을 말한다. 학문적 지식을 바탕으로 실질적인 결과를 도출하는 능력이기도 하다. 회계,

금융, 공학, 컴퓨터 과학 등 실용적인 학과들이 기술 중심의 전공이다. 과학 분야인 생물학과 물리학은 이 두 요소 즉 학문과 기술 사이에 위치할 것이다.

동아시아학을 전공한 나뿐만 아니라, 대학에서 공부하는 모든 학생들이 전공을 통해 '학문'과 '기술'을 동시에 배양하게 된다. 하지만 이 두 요소의 비중은 전공마다 다르게 나타난다. 학문 자체에 더 집중하는 전공도 있고, 기술 향상에 더 초점을 맞춘 전공도 있다. 만약 내게 과거로 돌아가 전공을 다시 선택할 기회가 주어진다면, 그때도 여전히 동아시아학을 선택할 것이다. 그러나 그와 더불어 다른 분야의 부전공도 함께 공부할 것이다.

기술 중심의 전공은 취업 가능성을 높인다

여러분은 졸업 후 대부분 '현실 세계'에서 일하기 시작하거나 대학원 과정을 밟게 될 것이다. 나는 종종 이렇게 권한다. 대학 졸업 후 바로 사회에서 일하는 것이 목표라면, 기술 향상을 도모하는 분야를 전공하라.

미리 익힌 기술은 취업 가능성을 높여준다. 왜냐하면 회사의 일상 업무에 즉시 적용 가능한 능력을 확보하고 입사하기 때문이다. 신입 사원을 위한 다양한 교육 프로그램을 자랑하는 기업도 많지만, 기업이란 기본적으로 이익의 극대화를 도모하는 조직이다. 신입 사원을 교육시키는 데에는 돈과 시간이 든다. 기업이 직무 능력을 갖춘 신입사원을 선호하는 것은 당연하다. 그러므로 금융업계에 관심이 있는 사람은 회계 혹은 금융에 대한 확실한 이해가 있어야 하고, 테크놀러지에 관심이 있는 사람은 공학 혹은 컴퓨터 과학에 대한 확실한 이해가 있어야 한다. 이것이 불변의 진리는 아니지만, 사회에서는 충분히 일반화되어 있다.

기업이 인문학 전공 졸업생을 채용하는 경우는 비즈니스 교육을 받은 학부생보다 빠르게 비즈니스 기술을 익혀 비교적 짧은 시간 내에 회사에 기여할 수 있는 잠재력이 보일 때뿐이다. 이를 염두에 두고 보면, 기업은 경쟁력 없는 대학보다 경쟁력 있는 대학의 인문학 전공 졸업생을 채용할 가능성이 더 높다. 최고 수준의 학교에서 인문학을 전공하고 경영 컨설팅 회사에 합격한 사람 중 하나인 나는 커리어를 쌓는 내내 이것을 실감했다.

반면, 대학원에 초점을 두었다면 학문 중심의 전공을 추구해야 한다. 여기서 이야기하는 대학원은 로스쿨JD, 경영대학원MBA 또는 의학대학원MD, 메디컬 스쿨이 아니다. 이 세 가지는 전문 학위 프로그램Professional School으로 간주된다. 4년제 대학을 졸업하고 로스쿨 입학시험Law School Admission Test, LSAT에 응시한 사람은 누구나 로스쿨에 지원할 수 있고, 경영대학원 입학시험Graduate Management Admission Test, GMAT에 응시한 사람은 누구나 경영대학원에 지원할 수 있으며, 메디컬 스쿨 입학시험Medical College Admission Test, MCAT에 응시하고 '의예과Pre-Med' 요건을 갖춘 사람은 누구나 의학대학원에 지원할 수 있다. 전문 학위 프로그램은 학생에게 학과별 자격 요건을 요구하지 않고, 졸업 시에는 JD, MBA 또는 MD 학위를 받게 된다. 이 세 가지가 '전문 학위 프로그램'으로 간주되는 이유는 특정 유형의 전문직을 준비시키는 과정이기 때문이다.

진로가 불분명하다면 최대한 많은 선택지를 확보하라

그러나 어떤 학문 분야의 석사 학위 또는 더 나아가 박사 학위를 위해 대학원에 진학할 계획이라면, 반드시 학부 전공과 동일한 혹은 비슷한 학문 분야를 선택해야 한다. 예를 들어, 교수가 되기 위해 영문학 박사 학위를 취득할 계획이라면 대학에서 영문학을 전공해야 한다는 이야기이다. 그러나 (내가 입학했을 때 그랬던 것처럼) 졸업 후 취업을 할지, 전문 학위 프로그램 학위를 취득하거나 대학원에 진학할지 아직 잘 모르겠다면, 학문 중심 분야를 전공하고 기술 중심 분야를 부전공하는 것이 최선이 될 것이다. 이 조합은 최대한 많은 선택지를 갖도록 해줄 것이다. 대학 재학 중에는 여러 변화와 변수가 일어날 수 있고, 진로 역시 극적으로 바뀔 수 있다.

나에게 동아시아학 전공은 훌륭한 기회였지만, 비즈니스 관련 분야를 부전공했다면 더 좋았을 것이다. 하버드에는 MIT와의 교환 프로그램이 있었다. 이 기회를 이용해 MIT 학부 비즈니스 프로그램에서 회계, 금융, 마케팅 수업을 들었더라면… 하는 아쉬움이 남는다. 그랬다면 향후 국제적인 경력을 위한 준비가 적절하게 되었을 것이다. 미래를 계획할 때 유연성은 중요하다. 대학에서 전공을 선택할 때도 물론 그렇다.

6

진로 탐색하기

대학생 앞에 놓인 다섯 가지 길

하버드를 비롯해 명문 대학에 다니는 학생들은 대부분 아래의 '다섯 가지 진로' 중 하나를 선택한다. 첫째, 석사학위 또는 박사학위 취득을 위한 대학원 진학. 둘째, 메디컬 스쿨(의학대학원). 셋째, 로스쿨. 넷째, 경영 컨설팅 회사 혹은 투자은행 취업. 다섯째, 테크 회사 취업. 모두 괜찮은 길이지만, 명문대 학생들에게 이 다섯 가지 길은 특히 높은 관심을 받는다. 물론, 다른 길도 수없이 많지만 눈에 잘 띄지는 않는다. 학생들이 다른 길을 고려하지 않게 되는 것도 그래서이다.

　나 또한 다섯 가지 선택지 중 하나를 고른 학생이었다. 앞서 언급했듯 나는 국제적인 경력을 원했다. 고민 끝에 나는 로스쿨에 가기로 결심했고, 국제 변호사가 되기로 했다. 이 길이 내 길이라는 확신이 있어서는 아니었다. 가능한 선택지를 줄여가는 내 나름의 소거법과 외부적인 영향이 합쳐진 결정이었다. 우선, 대학원을 제외한 것은 많은 박사들이 재정난을 겪는 것을 보아왔기 때문이다. 메디컬 스쿨을 제외한 것은 생리학(즉, 다른 사람의 피)에 익숙하지 않아서였다. 의사가 되기 위해 힘든 과정을 거쳐야 한다고 들은 탓도 있었다. 경영 컨설팅과 투자은행 및 금융을 제외한 것은 대학에 다니는 동안에는 비즈니스 분야에 열정을 느끼지 못했기 때문이다. 내 전공이 곧장 취업 시장으로 나가기 적합하지 않다고 느끼기도 했다. 또한 당시 나는 컴퓨터 공학을 어려워했기에 테크 회사도 제외했다.

다섯 가지 길이 전부일까?

　　네 가지 선택지를 제외한 후 내 앞에 남은 길이 바로 로스쿨이었다. 동아시아학은 방대한 양의 글을 읽고, 읽은 것에 대해 쓰는 능력을 길러주었다. 로스쿨은 비슷한 역량을 요구하는 것 같았고, 모두가 그런 일을 하는 것 같았다. 그렇게 내 결심이 굳어졌다. 당시 주변 사람들이 다들 로스쿨에 간다고 하는 것 같았지만, '하버드생은 똑똑하니까, 이 사람들이 로스쿨에 몰린다면 내가 모르는 이유가 있어서겠지…' 하고 스스로 결정을 합리화했다. 이것이 전형적인 레밍 사고(Lemming Syndrome, 개인이 비판적 사고 없이 그룹의 행동이나 의견을 맹목적으로 따르는 경향)였음을 나중에야 깨달았다. 불행하게도 나는 똑같은 과정을 거친 끝에 로스쿨을 선택한 수많은 사람 중 하나였다. 법조계는 안정성과 명망이 있는 곳처럼 보였고, 대학 졸업 이후 진정으로 하고 싶은 일을 찾지 못하는 사람들에게 좋아 보이는 대안이었다.

　　그러나 길은 그 밖에도 많다. 분야를 일일이 열거할 순 없지만, 기존 산업 분야(제약, 유통, 언론 등)의 다양한 회사에 다닐 수도 있고, 비영리 기업이나 사회적 기업의 길도 열려 있으며, 정치계로 나갈 수도 있고, 정부 기관에서 일할 수도 있다. 다양한 직업을 가진 졸업생들에게 연락해 조언을 듣는 것도 추천한다. 남들 다 가는 길을 따라가지 않고 자신에게 꼭 맞는, 자신만의 길을 가려면 최소한의 노력이 필요하다. 부디 그 노력을 아깝게 생각하지 말았으면 좋겠다.

메디컬 스쿨, 어떻게 준비했어?

한국에서도 그렇지만, 미국에서 메디컬 스쿨(의학대학원)은 가장 우수한 학생들이 모이는 곳이다. 과정부터가 쉽지 않은 데다 관련 학사전공 등 미리 준비해야 하는 과정(Pre-Med)도 있다. 메디컬 스쿨에 진학한 학생들에게 어떤 계기로 메디컬 스쿨을 목표로 하게 되었는지, 어떤 준비를 했는지, 학부에서는 어떤 지원을 받았는지, 진학 후 메디컬 스쿨에서의 경험은 어떤지 물어보았다.

▼ 듀크 대학교에 진학할 때까지만 해도 막연히 고등학교 때 가장 좋아했던 과목인 생물학을 전공하고 싶다고만 생각했다. 그런데, 생물학을 공부할수록 생리학, 특히 인체 생리학에 특별한 관심을 갖게 되었다. 자연스럽게 메디컬 스쿨(의학대학원) 진학을 고려하게 되었고, 학부에서 생물학, 물리학, 화학을 전공한 덕분에 준비를 잘 할 수 있었다.

대학원 진학에 대한 확신을 가진 학생이라면 학부 과정에서 자신의 진로와 전혀 상관없어 보이는 과목도 꼭 수강해 보라고 권하고 싶다. 지금 한 가지 후회하는 것이 있다면, 기회가 있었음에도 미술사나 사진 수업을 듣지 않은 것이다. 이러한 과목이 메디컬 스쿨 진학을 위한 요건은 아니지만, 그 시간은 예상치 못한 방식으로 삶을 풍요롭게 해줄 것이다. 부디, 여정을 즐기시길!

_애니 김(Annie Kim), 듀크 대학교 2009년 졸업

♥ 나는 학부에서 의예Pre-Med 과정을 마친 후 메디컬 스쿨에 진학했다. 열정을 가득 품고 대학에 왔지만, 메디컬 스쿨을 어떤 식으로 준비해야 할지는 잘 알지 못했다. '연구 경험'이 필요하다는 건 알았지만, 무슨 연구를 어떻게 한단 말인가? 대학에 입학한 첫 달에 학부 연구실에 가서 "어떻게 연구를 하나요?"라고 물었던 기억이 난다. 대학 1학년으로서 자체적으로 연구를 진행하는 것이 아니라 PI(주임 연구원)나 교수가 이끄는 연구에 참여하는 것이라는 친절한 안내를 받았다. 메디컬 스쿨 진학을 위한 선수과목을 이해하는 것도, 자원봉사 기회를 찾고 보조금 신청 일정을 파악하는 과정도 이와 비슷했다. 당시 나는 대학의 멘토와 상담 직원들에게 적극 도움을 청했고(워싱턴 대학교는 훌륭한 상담 시스템을 갖추고 있다), 자주 방문하여 의예 과정에 대한 상담을 받았다. 다른 학생들과 고민을 나누며 내가 놓치고 있는 부분이 무엇인지

도 파악할 수 있었다. 나처럼 막막함을 느끼는 학생이 있다면, 적극적으로 도움을 청하고 학교의 지원을 받으라고 조언하고 싶다.

_이윤진(Amy Lee), 세인트루이스 워싱턴 대학교 2019년 졸업

♥ 할머니가 알츠하이머병 진단을 받으신 이후로 대학에서 뇌과학을 공부하고 싶다는 생각이 싹텄다. 하지만 내가 원하는 길이 연구자인지, 제약회사에서 일하는 것인지, 의사가 되는 것인지는 확신할 수 없었다. 결국 메디컬 스쿨에 지원하게 된 건 가장 취약한 상태에 있는 사람들을 돕고 싶다는 열망 때문이었다. 의사는 인생에서 가장 힘든 순간을 맞은 사람들을 만나는 경우가 많다. 의학으로 모든 질병을 치료할 수는 없겠지만, 환자를 위로하는 동시에 인간적 관계를 형성함으로써 좋은 영향을 미칠 수 있으리라는 생각이 들었다. 보험이 없는 사람들을 위한 무료 클리닉에서 자원봉사를 하면서 의사가 되는 것이 내 길이라는 확신이 들었다.

의학 분야의 진로를 선택하는 것은 쉬운 결정이 아니다. 메디컬 스쿨은 입학하기 어렵기로 악명이 높으며, 엄청난 노력과 희생을 요구하기 때문이다. 사람들을 돕고자 하는 진정한 열정을 가지고 자신의 필요보다 다른 사람의 필요를 우선

시하는 태도가 필요하다. 메디컬 스쿨 진학을 고려하고 있다면 가능한 한 많은 임상 경험을 쌓는 것이 좋다. 응급구조사 인증을 받아 응급실에서 자원봉사를 하거나 수술실 실습을 한다면 경험을 쌓을 수 있을 뿐만 아니라 의사가 되고자 하는 의지를 보여줄 수도 있다. 자원봉사 근무나 수술실 실습을 마칠 때마다 일기를 쓰고 돌아보는 시간을 갖는 것도 좋다. 이렇게 하면 훗날 자기소개서 초안을 작성하거나 지원서의 활동 섹션을 작성할 때 큰 도움이 될 것이다.

_율리아 리(Yulia Lee), 밴더빌트 대학교 2021년 졸업

♥ 나는 PA(Physician Assistant, 의사보조)로 석사과정을 밟기로 결심했고, 바로 PA로 일하게 되었다. 이 길을 선택하는 것은 쉬운 일이 아니었다. 더욱이 어린 나이에는 인생에서 무엇을 하고 싶은지 알기가 쉽지 않은 법이다. 그러나 이 과정에서 나에게 도움이 된 조언들이 있었다. 중요한 결정을 내리는 과정에서 이 조언들을 적용할 수 있음을 깨달았다.

결정을 내릴 때는 반드시 '큰 그림'을 봐야 한다. 직업을 선택할 때, 어떤 분위기에서 일하고 싶은지, 자신의 성격에 맞는 것이 무엇인지에 집중해보자. 사람들과 함께 일하는 게 좋은지, 사물과 함께 일하는 것을 좋아하는지, 창의적인 일

을 좋아하는지, 주어진 일을 좋아하는지 등등 여러 질문을
던져보는 거다. 질문에 답한 후에는 어떤 분야에 가장 호감
을 느끼는지 살펴보자. 이학STEM인지 인문학인지.

나는 사람들과 함께 일하고 업무에 집중하는 것을 정말
좋아했다. 이학 분야에 친숙했기에 헬스케어 쪽으로 가는 것
이 가장 적절한 선택지로 보였다. 그래서 학부에서 생화학을
전공하기로 결정하고, 건강 관리에 관한 수업을 집중적으로
들었다.

_이윤수(Justin Yoonsu Lee), 터프츠 대학교 2022년 졸업

7

경영 컨설팅과 투자은행

경영 컨설팅과 투자은행이란 무엇인가

경영 컨설팅 회사와 금융계 진출을 목표로 하는 명문 대학 학생들이 많은 것 같다. 여름방학을 앞두고 이들 업종의 인턴십 기회가 가장 치열하게, 빨리 마감되는 것도 사실이다. 이유는 간단하다. 최고의 보수를 지급하고 커리어를 개발할 기회가 주어지기 때문이다. 이번 챕터에서는 경영 컨설팅과 투자은행이 정확히 어떤 일을 하는지에 대해 간단히 짚고 넘어가려 한다.

컨설팅과 금융 회사들은 전 세계 기업 고객들에게 중요한 비즈니스 서비스를 제공한다. 간단히 말하자면, 비즈니스는 다음과 같은 등식과 씨름하고 있다. '수익 − 비용 = 이익' 수익은 상품 또는 서비스를 고객에게 제공하고 받는 돈이다. 비용은 상품 또는 서비스 공급자가 상품 생산 및 판매 과정에서 사용한 돈이다. 이익은 비용을 사용하고 남은 돈이다. '경영 컨설팅'은 고객이 수익을 극대화하거나 비용을 최소화해서 결과적으로 이익을 극대화하도록 돕는 일이다. '투자은행'은 수익을 극대화하거나 비용을 최소화하기 위해 구상한 전략과 작전을 실행하는 데 필요한 금전 자원을 이용할 수 있도록 돕는다.

이런 예를 들어볼 수 있겠다. 수익을 높이고자 하는 미국의 텔레비전 회사가 있다고 하자. 회사는 경영 컨설팅 회사를 고용하고, 컨설팅 회사는 캐나다로의 사업 확장이 회사의 총 수익을 개선하리라는 전망을 내놓는다. 그러면서 추가로 캐나다에 텔레비전 공장을 지을 것을 제안한다. 캐나다 내 텔레비전 운송과 관련된 비용 및 수출 시 지불하는 관세를 최소화할 수 있기 때문이다. 하지만 캐나다에 새 공장을 지을 자금을 어떻게 마련할 것인가? 그래서 회사는 공장 건설에 필요한 돈을 모으기 위해 투자은행을 찾는다. 투자은행은 캐나다로 사업을 확장하는 데 필요한 거액의 자금을 기꺼

191

이 빌려줄 잠재적인 투자자를 모집한다. 시간이 지나, 텔레비전 회사는 투자은행이 모은 돈을 가지고 경영 컨설팅회사가 세운 전략을 실행한다. 궁극적으로 이러한 방법은 회사의 이익을 증가시킬 것이다.

경영 컨설팅회사 또는 투자은행에 입사하는 것은 대학 졸업생에게 알찬 배움과 발전의 기회가 된다. 컨설팅 회사와 투자은행은 앞서 설명한 것과 같은 비즈니스 문제를 오늘도 일선에서 끊임없이 해결하고 있다. 이 같은 문제 해결 과정에 참여함으로써 비즈니스 세계에 대해, 그리고 비즈니스의 성패를 가르는 원칙들에 대해 빠르게 배울 수 있다. 게다가 이런 회사들은 중요한 기술을 가르치는 데에도 능숙하다. 신규 시장의 경쟁 및 규제 환경을 분석하고, 고객을 위한 다양한 자본화 옵션을 찾고 평가하는 능력을 갖추도록 대학 졸업생을 교육하는 것이다. 스프레드시트를 능숙하게 사용하고 다양한 프리젠테이션을 제작하며, 재무제표를 분석하는 등의 일상적인 직무 능력도 향상될 것이다.

이러한 회사들은 성장 가능성과 잠재력을 가진 대학생 인재풀에서 적극적으로 구인을 펼친다. 대학에서 비즈니스 관련 과목을 공부했거나, 졸업 전에 알차게 비즈니스 경험을 했거나, 인문학을 전공했지만 특별히 성공 가능성이 보이는 학생들이 채용 물망에 오를 것이다.

대학 졸업생은 어떤 일을 하는가

경영 컨설팅회사와 투자은행은 능력에 따라 네 가지 주요 직급으로 구성된다. 내가 다녔던 경영 컨설팅 회사인 베인앤드컴퍼니에는 파트너Partner/전무Vice President, 매니저 Manager, 컨설턴트Consultant, 어소시에이트 컨설턴트 Associate Consultant 등 네 가지 직급이 있었다. 내가 전에 다닌 투자은행/금융 서비스사인 JP모건(체이스맨해튼은행과 합병하여 지금은 'JP모건체이스'라고 불린다)에는 전무Managing Director, 이사Vice President, 어소시에이트Associate, 애널리스트Analyst 등 네 가지 직급이 있었다. 각 회사의 직급은 서로 유사하다.

대학 졸업생은 컨설팅 회사의 어소시에이트 컨설턴트, 투자은행의 애널리스트 직급에 채용된다. 네 개의 직급이 상호작용하는 방식을 간단하게 설명하기 위해 경영 컨설팅 회사의 구조를 예로 들겠다. 경영 컨설팅회사는 레스토랑과 같다. 파트너는 레스토랑의 주인이고, 지속적으로 손님을 찾아 자신의 레스토랑에서 식사하라고 설득한다. 손님이 들어와 테이블에 자리를 잡으면, 담당 서빙 직원이 다가올 것이다. 고객과 관련한 모든 업무를 관리한다는 점에서 매니저는 서빙 직원과 비슷하다. 무엇보다도 서빙 직원은 손님의 요구사항을 확인하거나 손님이 원할 만한 요리를 추천하는 일을 한다. 그리고 나서 서빙 직원은 손님의 주문을 받아 셰프가 있는 주방에 주문을 전달한다. 컨설턴트(주로 상위권 MBA 프로그램에서 채용)는 셰프와 비슷하다. 손님의 주문과 음식 준비와 관련한 서빙 직원의 특별 지시(예를 들면, 스테이크 굽기 정도)에 따라 음식을 준비한다. 셰프는 적절한 재료와 조리 도구가 필요하기에, 요리를 보조하는 주방 보조에게 잡다한 일을 시킨다. 어소시에이트 컨설턴트는 주방 보조 직원과 같다. 주방 보조 직원은 설거지부터 테이블 정리, 재료 구입, 재료 손질을 포함해 셰프가 시키는 모든 일을 한다. 만약 아주 재능 있는 보조라면 수프나 샐러드 같은 사이드 메뉴를 맡을 수도 있겠지만, 메인 요리는 절대 허락되지 않는다. 음식이 준비되면, 서빙 직원이 음식을 손님에게 가져다준다. 레스토랑 주인은 모든 것이 만족스러웠는지 확인하며 후속 조치를 취한다. 궁극적으로 손님은 음식을 먹고, 떠나기 전 주인에게 값을 지불한다. 만족한 손님은 레스토랑에 재방문하거나 다른 사람에게 레스토랑을 추천한다.

더 자세한 정보를 원한다면, 경영 컨설팅회사와 투자은행 입사에 대해 다룬 PART 3의 '컬럼비아 경영대학원' 챕터를 읽기를 권한다. 모든 일에는 장단점이 있다. 이런 기관들은 비즈니스 기술을 제대로 훈련시켜줄 테지만, 직원들에게도 많은 대가를 요구한다. 어떤 직장이든 입사하기 전에 '동전의 양면'을 잘 살펴야 한다.

8

캠퍼스 활동

커리어를 고려한 활동을 하라

대학에서 하는 캠퍼스 활동과 파트타임 일자리(아르바이트)는 대학 생활에서 필수적인 부분이다. 모든 대학생이 반드시 경험해야 하는 활동이나 아르바이트는 없다. 선택은 오롯이 각자의 몫이지만 아래 세 가지 조건에 맞는 것이어야 한다. 첫째, 미래의 목표(커리어)로 연결되는 활동일 것. 둘째, 활동을 통해 중요한 기술을 습득할 수 있을 것. 셋째, 오래 지속되는 관계를 형성할 수 있을 것.

입학과 동시에 졸업 후의 목표를 세워야 한다고 앞서 제안했다. 대학생으로서 할 수 있는 다양한 캠퍼스 활동과 아르바이트 역시 졸업 후의 목표를 고려해 골라야 하기 때문이다. 물론, 특정 활동이나 아르바이트 선택은 개인의 관심사나 재정 문제에 따라 달라질 것이다. 나는 보스턴 지역 로펌에서 법률 서기로 일했고, 대형 교회 모임의 학생 사무원으로 일했으며, 학생들로 이루어진 세미프로 아카펠라 그룹에서 노래를 했다.

나는 변호사가 단 두 명인 작은 보스턴 지역 로펌 '사멕앤드파뉼'에서 3년간 서기로 일했다. 민사(범죄와 무관)를 주로 다루는 로펌인데, 로스쿨에 가기로 결심한 2학년 때, 로펌 근무 경험이 로스쿨에 들어갈 승산을 높여주고 법률 분야에 대해 배울 기회가 되지 않을까 생각했다. 솔직히 말하면, 나는 의미 있는 활동 그러니까 이력서에 쓸 만한 활동을 절박하게 찾아 헤매던 학생이었다. 하버드의 경력개발센터를 방문해 파트타임 목록을 살폈지만, 마음이 끌리는 자리가 없었다. 그래서 직접 알아보기로 한 것이다.

좋은 활동이 주어지지 않는다면 스스로 찾아라

사멕앤드파뉼을 찾은 것은 《Yellow Pages 전화번호부》에서였다. (물론, 오늘날 대학을 다녔다면 검색엔진을 통해 찾았을 것이다!) 나는 보스턴 전화번호부에서 회사법을 주로 다루는 로펌을 하나하나 찾은 다음 무작정 자기소개서와 이력서를 보냈다. 얼마 후 사멕앤드파뉼에서 면접을 보자고 연락이 왔다. 면접이 끝날 무렵 바로 채용된 것을 보면, 대화 중에 내가 긍정적인 인상을 줬던 것이리라. 사멕 변호사님은 나의 진취적인 태도가 좋았다고 말했다. 돌아보면, 사멕앤드파뉼에서 내가 한 일은 대단히 전문성 있는 일은 아니었다. 나는 서퍽 카운티 법원에 서류를 제출했고, 고객 파일을 관리하고 적절한 정보를 업데이트했다. 내 직무는 사무보조가 하는 일과 별반 다르지 않았지만 경험이 부족했던 나로서는 일할 기회가 주어진 것만으로도 감사했다. 사멕 변호사님은 내게 경력을 쌓을 기회를 준 첫 고용주였다.

사멕앤드파뉼의 서기 외에도, 보스턴 외곽에 있는 한인 교회 대학생부의 임원으로 일했다. 대학생부에는 하버드, 보스턴 대학교, 웰즐리 칼리지, MIT, 보스턴 칼리지, 터프츠 대학교, 고든 칼리지를 포함한 보스턴의 학생들이 다니고 있었다. 인원이 100명 이상으로 규모가 꽤 컸다. 대학생부는 매년 임원을 선발했다. 3학년 때, 동료들이 나를 임원 후보로 추천했다. 나는 미래를 위해 조직 경험을 해보는 것이 중요하다고 생각해 임원 자리를 받아들였다. 대학을 졸업하고 나면 큰 조직에서 일할 기회가 주어질 것이니 그전에 조직적인 환경에서 일하는 법을 배워두고 싶었다. 임원으로 일하며 나는 처음으로 실무 조직에서 리더십을 발휘해보았다. 좋은 교훈을 많이 얻었다. 특히 모든 사람이 리더가 될 수는 없지만, 누구나 관리자는 될 수 있다는 것. 관리자는 조직에 중요한 아이디어와 목표를 '실행'하는 일을 담당하는 사람이다. 리더는 아이디어를 떠올리고 주변 사람들이 조직을 위한 목표를 설정할 수 있도록 격려하는 사람이다. 나는 목사님이 우리의 리더이며, 회장을 포함한 각 임원들이 '관리자'라는 것을 깨달았다. 학생 임원들이 비전을 설정하거나 목표를 세우는 데 의미 있는 기여를 했다고 생각하지는 않는다. 대학생부에는 행정적인 업무를 열심히 해줄 일꾼이 필요했고, 나를 비롯한 임원들은 관리자로서 이 역할에 충실했다.

즐거운 활동도 필요하다

그렇다고 대학 생활 내내 일만 한 것은 아니다. 1학년 2학기 때, 세미프로 합창단 콜백스Callbacks에 가입했다. 합창단에 들어가기 위해 오디션을 보고, 노래를 좋아하는 다른 학생들과 경쟁도 했다. 대학 전에 노래를 불렀던 경험은 초등학교 시절 성가대가 전부였다. 게다가 나는 악보를 읽을 줄도 몰랐다(여전히 읽을 줄 모른다). 하지만 노래와 음악에 대한 열정은 있었다. 중학교에 다닐 때는 기타 연주도 독학했을 정도다. 다행히 나는 경쟁을 뚫고 콜백스의 일원이 되었다.

콜백스는 혼성 아카펠라 그룹으로, 소프라노, 알토, 테너, 베이스 네 파트를 맡은 12명에서 15명의 멤버로 구성되었다. 나는 테너를 맡았다. 아카펠라는 반주 없이 노래하는 것이어서 한 멤버가 솔로를 하는 동안, 다른 멤버들이 반주에 해당하는 멜로디를 목소리로 모사한다. 만약 대학생 아카펠라를 들어본 적이 없다면, 당신은 환상적인 음악적 경험을 놓치고 있는 것이니 꼭 한번 공연장을 찾아보기를 권한다.

콜백스는 끈끈한 동료애를 자랑한다. 한번 콜백스는 영

원한 콜백스다! 나는 콜백스에서 재미있는 친구들을 잔뜩 만났다. 당시 하버드에는 대학에서 인가한 친목 단체나 사교 모임이 없었다. 따라서 아카펠라 그룹에 들어가는 것이 훌륭한 대안이 되었다. 나는 콜백스에서 오래 지속되는 우정을 쌓았다. 최근에 뉴욕 주 북부에서 콜백스 동창회를 가졌는데, 옛 추억이 새록새록 되살아났다. 콜백스는 나의 프러포즈를 도와주기도 했다. 당시 나는 후배들과 비밀리에 준비를 마치고 윤희를 하버드에 있는 내 예전 기숙사인 애덤스하우스로 데리고 갔다. 나와 윤희가 들어오자 라운지에서 대기하고 있던 콜백스가 세레나데를 불러주었다. 멋지고 로맨틱한 노래들이 흐른 뒤 나는 윤희에게 프러포즈를 했다. 그 순간은 인생에서 가장 기억에 남는 추억이 되었다.

봉사활동, 동아리, 인턴십, 아르바이트…
캠퍼스 활동, 어떻게 하고 있어?

대학에서는 강의실에서 보내는 시간만큼이나 강의실 밖에서 보내는 시간
도 중요하다. 봉사활동, 동아리 활동, 인턴십, 아르바이트 등의 다양한 활
동을 통해 우리는 평생의 친구를 사귀고 사회생활을 연습한다. 때로는 이
같은 활동이 커리어로 이어지기도 한다. 대학 재학생들과 졸업생들에게
어떤 활동을 했는지, 어떤 목표를 세웠으며 무엇을 배웠는지 물었다.

▼ 이번 학기에 나는 '풀스택 @ 브라운' 클럽에 풀스택 개발
자로 참여하여 클라이언트를 위한 다양한 코딩 프로젝트를
구현하고 있다. 브라운-RISD 게임 개발 동아리에 소속되어
게임 개발팀으로도 활동하고 있다. 캠퍼스 스포츠팀인 브라
운 태권도 클럽에서도 활동하고 있다.

　　컴퓨터공학을 전공하는 학생으로서, 나는 전문적인 개
발 환경에 발을 들여놓고 팀 기반 프로젝트에서 경험을 쌓고
자 풀스택 @ 브라운에 합류했다. 브라운-RISD 게임 개발 동
아리에 지원한 것은 비디오 게임 개발에 대한 열정을 품고

성장했기 때문이다. 브라운 태권도 동아리에 가입한 것은 심신을 단련하고 사회적인 관계를 형성하기 위해서였다.

대학에서 학생들은 저마다 경험을 조직할 기회를 갖는다. 나 역시 대학 생활을 더욱 풍요롭게 만들기 위해 노력하고 있다. 이처럼 다양한 동아리 활동이 열정을 바탕으로 경험을 쌓을 수 있는 기회가 될 수 있다고 예비 대학생들에게 강조하고 싶다.

_줄리 정(Julie Chung), 브라운 대학교 2026년 졸업 예정

▼ 대학 시절 다양한 활동에 참여했지만, 가장 기억에 남고 가치 있는 경험은 여러 분야에서 인턴십을 경험한 것이다. 2학년 여름방학 동안 대기업에서 인턴으로 일하면서 대규모 조직과 대규모 프로젝트에 참여하는 기회를 얻었다. 무대 뒤에서 일이 어떻게 이루어지는지 보면서 대기업이 프로젝트를 진행하고 전략적으로 계획하는 방식을 알 수 있었고 엄청난 깨달음을 얻었다. 또한 다양한 업무 경험을 쌓고 싶어서 베이 에이리어의 소규모 스타트업에서 인턴십을 했고, 그 결과 졸업 후 샌프란시스코에 있는 스타트업에서 일하게 되었다. 이처럼 다양한 일을 하면서 폭넓은 경험을 쌓고 서로 다른 기업문화와 산업에 대해 배웠다.

솔직히 말하자면, 대학 시절 인턴십에 참여하기로 결심한 건, 구직할 때 인턴십 경험이 얼마나 중요한지 선배들에게 수도 없이 들었기 때문이다. 인턴십을 통해 멘토로 삼을 수 있는 업계 전문가들과 교류할 기회를 얻을 수 있다는 것도 알고 있었다. 새로운 인턴십을 시작할 때마다 나는 스스로 장기적인 목표를 세웠고, 그것을 실천하려고 노력했다. 예를 들어, 스타트업 인턴십에서 세운 주요 목표 중 하나는 스타트업이 더 많은 직원을 고용하고 주요 제품과 관련한 어려움에 직면할 때 스타트업의 위계와 문화가 어떻게 형성되는지 관찰하는 것이었다. 나는 그 목표를 성공적으로 수행했다고 생각한다. 내가 속한 조직에 가치를 더함으로써 개인적인 역량을 키웠을 뿐만 아니라, 대기업이 프로젝트를 신속하게 확장하는 방식과 스타트업이 훨씬 더 빠르게 움직이는 방식과 같이 학교에서는 배우지 못한 핵심적인 통찰을 얻을 수 있었기 때문이다.

인턴십을 통해 얻은 가장 큰 성과는 전문적인 인맥을 구축한 것이다. 나는 평소 존경하던 전문가들과 함께 일했고, 훌륭한 멘토들의 친절한 지도를 받았다. 덕분에 취업 기회를 찾고, 추천을 받고, 업계 정보도 얻을 수 있었다.

서로 다른 임무와 문화를 가진 사람들과 함께 일하며 다양한 분야의 전문가들이 문제 해결에 접근하는 방식에 대해 더 넓은 시각을 갖게 된 것 역시 성과라고 생각한다.

_익명, 스탠퍼드 대학교 2022년 졸업

▼ 학기 중에는 경제학이나 저널리즘에 관련된 다양한 학술 동아리에 참여하고 댄스 워크숍에도 참여했다. 학술 동아리에 참여하면서 새로운 학문 영역을 탐색할 수 있었고, 댄스 워크숍에서는 운동도 하고 재미도 느꼈다. 동아리에 참여할 당시에는 딱히 목표가 정해져 있지 않았지만, 결과적으로 좋은 배움을 얻고 멘토도 만난 셈이다. 두 번째 학기에는 학업과 취업 준비 때문에 동아리에 덜 참여했지만, 내년에는 더 많은 사람들을 만나고 운동도 즐길 수 있는 활동을 많이 해볼 계획이다. 나는 신입생과 2학년 학생들에게 동아리와 여러 활동에 적극적으로 참여하라고 권한다. 학업이어도 좋고 오락이어도 좋다. 특히, 경쟁력 있는 동아리를 찾아 관심 분야(예를 들면 컨설팅 같은)에서 기회를 찾을 수 있다면 더없이 유익할 것이다. 동료와 멘토로 구성된 인맥을 구축하는 것 역시 매우 중요하고 필수적인 일이다.

_익명, 브라운 대학교 2025년 졸업 예정

♥ 대학 시절 나는 많은 활동을 했다. 연구 관련으로는, 두 차례 임상 연구팀과 생물학 석사 논문을 완성한 습식 실험Wet Lab에 참여했다. 동아리 활동으로는, LiNK(대북 민간단체) 동아리 리더를 맡았고, 다른 학생 단체에서도 임원을 맡았다. TeachESL을 통해 영어를 가르쳤고, 뇌성마비 아동을 위한 수영 강사로 매주 자원봉사를 했으며, 학교 입학사정위원회를 도왔고, 겨울방학에는 온두라스로 의료 봉사를 다녀왔다. 스포츠와 관련해서는, 1학년 때 교내 수구팀에 들어갔고 4년 내내 수영 모임에서 수영을 했다. 여름방학 또한 이와 비슷하게 보냈다. 1학년 여름에는 하버드에서 8주간의 유기화학 과정을 수강했고, 2학년 여름에는 STL(세인트루이스) 아동병원에서 진행하는 적응 운동 캠프 상담교사로 일했으며, 3학년 여름에는 보조금을 받아 유전학 연구를 수행하며 10일간 미국 전역으로 표본 수집 여행을 떠나기도 했다.

사실 나는 생물학을 전공하면서 미술과 아동학을 부전공했기 때문에 강도 높은 시간 관리가 필요했다. 다행히 고등학교 때 이미 학업과 예술, 스포츠 활동을 병행한 덕분에 대학 1학년 때 이러한 기회를 찾고 리더 역할을 하면서 학업과 조화를 이루는 일이 덜 부담스러웠다. 내가 가장 힘들어했던 부분은 연구에 참여하는 것이었는데, 한국에 있을 때 이에 대한 준비가 부족했던 것 같다. 나는 다른 학생들보다 경험이 훨씬 부족한 상태에서 들어왔기 때문에 연구를 시작하기 위해 교수에게 연락하고, 이메일을 보내고, 나의 자격과 관심을 증명하는 데 훨씬 더 많은 노력을 들였다.

대학에 입학할 때부터 의학을 전공하고 싶다는 생각을 품고 있었기에 초기에 다양한 경험을 쌓으려고 노력했다. 다양한 경험을 통해 왜 의학이 나에게 적합하다고 느꼈는지, 의사가 된 후 원하는 것이 무엇인지, 어떤 의사가 되고 싶은지 생각해볼 수 있었고, 메디컬 스쿨 지원서를 훨씬 더 탄탄하게 만들 수 있었던 것 같다.

후배 학생들에게는, 대학에서 얻을 수 있는 모든 기회를 최대한 활용하고 원하는 전공을 추구하라고, 길을 잃었다고 느껴지면 멘토나 지도교수에게 도움을 청하라고 조언하고 싶다. 대학을 졸업한 후에는 기회를 찾기가 훨씬 더 어렵다. 나는 대학 시절의 경험이 리서치 갭이어(대학 졸업 후 다음 교육이나 직장으로 나아가기 전에 연구실 등에서 다양한 활동을 하는 기간)와 메디컬 스쿨을 위한 든든한 기반이 되어준 것에 감사하게 생각한다.

_이윤진(Amy Lee), 세인트루이스 워싱턴 대학교 2019년 졸업

● 대학을 다니며 아카펠라팀을 비롯해 경영 컨설팅 동아리,

벤처 캐피탈 동아리 등 여러 모임과 전문적인 활동에 두루 참여했다. 방학 때는 평소 관심을 두고 있던 업계에서 인턴으로 일하기도 했다.

교내 활동을 선택할 때는 특히 미래의 목표와 개인적인 여가 사이에 건강한 균형을 유지하는 것을 염두에 두었다. 아카펠라팀에 합류하면서 자연스럽게 노래에 대한 열정을 이어가는 한편 스트레스를 건강하게 해소하고 친한 친구들을 사귈 수 있었다. 커리어를 위해서는 설명회에 참석하고 동아리의 현 구성원들과 이야기를 나누며 다양한 선택지를 탐색하려고 노력했다. 이력서를 다듬고 취업 면접을 준비하는 데 컨설팅과 벤처 동아리가 큰 도움이 되었다.

대학 지원 과정에서 가입하고 싶은 동아리를 구체적으로 언급하며 자신의 장점이나 관심 분야를 강조하는 것도 좋겠다. 이미 캠퍼스 생활을 시작했다면, 우선순위를 정하고 몇 가지 활동에 집중하는 것을 추천한다. (내 경험상 4개 이상의 동아리에 가입하지 않는 것이 좋다.) 또한 관심 있는 동아리의 현 구성원들과 활발히 교류하는 것도 추천한다. 많은 동아리의 입회 기준이 매우 까다롭기 때문이다.

_오영준(Youngjun Oh), 조지타운 대학교 2019년 졸업

● 고등학교 시절에는 모의재판과 영화 제작 동아리에 참여하며, 그중 두 모임의 임원을 맡아 활동했다. 팀워크 형성과 대중 연설 연습을 좋아했던 내게 모의재판은 재미와 즐거움을 선사했다. 영화 제작은 글쓰기와 영화에 대한 내 열정을 표현할 수 있는 좋은 기회였다. 나는 항상 내가 시나리오 작가나 저널리스트가 될 것이라고 확신했다. 모의 UN 회의에서 방송부 앵커를 맡으면서 저널리즘에 관심을 갖게 되었고, 고등학교 방송부의 공동 앵커이자 크리에이티브 디렉터로 활동하기도 했다.

중학생 및 시각장애 어린이를 위한 수영 코치를 맡아 자원봉사도 했다. 워낙에 다른 사람들과 소소한 이야기를 나누는 것을 좋아해서 스스로 신청한 일이었다. 돌아보면 짧은 시간에 참 많은 활동을 했구나 하는 생각이 든다. 지금 나는 대학 라디오 방송국의 앵커 겸 기자로, 국제 학생회 위원으로, 해외에서 온 학생들을 돕는 자문위원으로 활동하고 있다. 수영을 포기하고 커리어 관련 활동에 집중하게 되었지만, 자문위원으로서 저학년 학생들과 꾸준히 교류하고 있다. 대학에서는 누구나 커리어를 위한 활동에 참여한다. 중요한 건 지금 그 과정을 즐기고 있느냐가 아닐까.

_제니퍼 김(Jennifer Kim), 노스웨스턴 대학교 2024년 졸업 예정

▼ 대학에 다니며 다양한 활동을 했다. 스포츠와 관련해서는 1학년 때는 터프츠 럭비팀에, 2학년 때는 하버드 주짓수팀에 소속되어 활동했다. 학업 분야에서는 터프츠 미국 화학회ACS 지부 회장과 터프츠 PA 예비과정Pre-PA 클럽의 아웃리치 코디네이터를 맡았다. 또한 터프츠 LiNK 지부 회장 겸 창립자, 한인 학생회KSA '비빔밥'의 수석 코디네이터, 주 정부에서 중독 치료를 위해 운영하는 보스턴 빅토리 프로그램 등에서 자원봉사를 했다. 여름방학 동안 하버드 의과대학의 서냐예프 생물정보학 연구실에서 연구를 수행하기도 했다.

대부분의 경우 나는 그냥 재미있어 보이는 동아리에 들어갔다. 물론 관심사와 학업, 사회봉사의 균형을 맞추기 위해 활동의 다양성을 추구했지만, 어디까지나 좋아하는 동아리를 선택하기 위해 노력했다. 동아리 활동을 통해 팀워크가 무엇인지 배우고 넓은 인맥을 구축할 수 있었다. 특히 한국에서 자란 사람으로서 이러한 인맥은 대학 생활에 큰 도움이 되었다.

졸업 후 빅토리 프로그램에서의 봉사활동을 제외한 활동들을 중단했지만, 여전히 동아리에서 만난 사람들과 인연을 이어가고 있다. 이처럼 캠퍼스 활동은 관심사를 찾아 새로운 것을 경험하고 더 많은 사람을 만나는 기회가 될 수 있다.

_이윤수(Justin Yoonsu Lee), 터프츠 대학교 2022년 졸업

♥ 나는 커리어에 관심이 많아서 대학에서 (학기 중이든 방학 때든) 나의 진로를 개발하기 위한 다양한 활동을 했다. 스탠퍼드의 비즈니스 남학생회Fraternity에서 대부분의 시간을 보냈는데, 동아리에서의 훈련 과정과 이후의 리더십 역할은 이메일 구조화 및 네트워킹과 같은 전문 기술을 개발하는 데 도움이 되었다. 취업에도 큰 도움을 받았다.

여름방학 동안에는 벤처투자기금, 헤지펀드, 스타트업의 데이터 역할 등 다양한 업계에서 인턴십을 했다. 나의 관심사, 기술, 업계에 대한 애정 등을 기반으로 어떤 방향으로 커리어를 쌓아갈지 탐색하는 시간이었다. 최종적으로 내게 가장 적합한 초기 커리어는 데이터 과학 쪽이라고 판단했고, 팔로알토에 본사를 둔 핀테크 스타트업에서 데이터 과학자로 일하기로 했다.

후배 학생들에게 조언하자면, 동아리를 통해 자신의 전공 관심사를 추구하는 것도 괜찮다. 대학에서 동아리나 학생회 활동Greek Life에 참여하는 가장 큰 목적은 물론 친구를 사귀는 것이지만, 열정을 둔 조직에서 리더 역할을 맡아본다면 경험을 쌓고 이력서를 보완하는 데 도움이 될 수 있겠다.

_아론 한(Aaron Han), 스탠퍼드 대학교 2023년 이학 석사, 2022년 이학 학사

♥ 학기 중에는 캠퍼스에서 다양한 사회 경험을 쌓는 데 집중했다. 여학생회(듀크 대학교는 학생회 활동Greek Life의 규모가 매우 크다)와 남녀공학 모임에 가입했다. 이들 그룹을 통해 기부 활동이나 지역 사회 봉사와 같은 다양한 자원봉사 활동에 참여했다. 또한 매주 일요일마다 아름다운 예배당에서 가톨릭 합창단과 함께 노래를 부르기도 했다. 나의 주된 목표는 한국인 사회의 벽을 깨고 새로운 친구들을 사귀는 것이었다. 비록 여학생회 생활이 내 적성에 맞지 않는다는 것을 금방 깨달았지만, 시도해볼 가치는 있었다고 생각한다. 남녀공학 모임에서 지금까지 연락을 주고받는 좋은 친구도 많이 만났다.

_애니 김(Annie Kim), 듀크 대학교 2009년 졸업

♥ 나는 펜실베이니아 대학교에서 토론팀, 한인 연대 모임, 학생 주도 투자기금, 컨설팅 그룹, 축구팀 일원으로 활동하고 있다. 캠퍼스 활동에 대해 조언하자면, 평소 열정을 갖고 있었거나 호기심을 품은 활동이라면 무엇이든 해보라는 것이다. 좋아하는 활동에 참여할수록 경험은 풍성해질 테니까.

토론팀 활동은 기존에 가지고 있던 열정을 이어가는 기회를 제공했다. 반면 컨설팅이나 투자 활동은 평소 궁금했

던 전문 분야에 직접 뛰어드는 소중한 경험을 선사했다. 실제로 투자기금에서의 시간은 금융에 대한 관심에 불을 지폈으며 투자은행 여름 인턴을 얻기 위한 기술과 경험을 갖추게 해주었다.

_김정하(Jeongha Kim), 펜실베이니아 대학교 2026년 졸업 예정

♥ 신입생이라면 첫 학기에 가능한 한 많은 동아리와 모임에 참여해보자. 그러면 다음 학기에 범위를 좁혀나가며 집중할 대상을 찾는 데 큰 도움이 될 것이다.

나는 금융 분야의 커리어를 추구했기에 여러 투자 동아리에 가입했고, 그중 아니다 싶은 동아리를 걸러내기도 했다. 한인회와 LiNK 같은 비영리 단체에도 가입해 활동했다. 두 번째 학기에는 사교적인 모임에도 참여하고 싶어서 아시아계 학생 모임에 들어갔다. 학생회 활동이 모든 사람에게 맞는 것은 아니지만, 학생 모임에 참여한 것은 내 최고의 결정 중 하나였다. 이곳에서 나는 새로운 친구를 사귀고 동문 인맥을 강화할 수 있었다.

솔직히 말하자면, 진심으로 관심 있는 활동을 선택하는 것이 핵심이다. 이 같은 동아리들은 때때로 바쁜 주중에도 시간을 내어 열정적으로 참여할 것을 요구하기 때문이다.

가장 중요한 건 이 한마디로 요약될 것 같다. "좋아하는 일을 찾아서 즐기자!"

_익명, 서던캘리포니아 대학교 2026년 졸업 예정

9

대학생의 여름방학, 어떻게 보낼까?

여름방학을 성공적으로 보내는 두 가지 방법

첫 번째 길은 목표하는 진로와 관계된 여름 인턴십을 찾는 것이다. 예를 들어, 투자은행에 관심이 있다면, 투자은행이나 기업 금융 부서의 여름 인턴십을 찾을 수 있다. 출판계에 목표를 두고 있다면 출판사 여름 인턴십을 찾을 수도 있다. 이처럼 다양한 회사들이 대학생을 위한 여름 인턴십을 열어두고 있다. 이중 어떤 직업 분야에 관심이 있는지, 어떤 직무를 적극적으로, 창의적으로 추구할지 결정하는 건 여러분 각자의 몫이다.

두 번째 길은 전공 수업을 듣고 졸업을 위한 학점을 취득하는 것이다. 여름 계절학기 수업은 덜 엄격하게 채점되는 경향이 있다. 따라서 자신 없는 필수 과목이 있다면, 여름 학기야말로 그 수업을 듣기 좋은 때이다. 예를 들면, 유기화학은 어려운 과목이지만, 메디컬 스쿨을 목표로 하는 학생들에게 필수 과목이기도 하다. 내 친구들은 여름 동안 하버드에 남아 그 수업을 듣기로 했다. 예상대로 정규 학기보다 평가가 덜 엄격했을 뿐만 아니라, 여름 동안 단 하나의 수업만 듣기 때문에 오롯이 한 과목에 집중할 수 있었다. 여름 학기가 끝난 후 만족스러운 성적을 얻었음은 물론이다.

나의 여름방학

나 역시 다양한 방식으로 여름을 보냈다. 우선, 1학년이 끝난 후 여름에는 뉴욕으로 돌아와 CCB 잉글리시 스쿨에서 일했다. 앞서 언급했듯 나는 그리 생산적인 1학년을 보내지 못했고, 학업과 캠퍼스 활동에서 뒤처졌을 뿐만 아니라 여름방학 활동을 찾을 기회마저 놓치고 말았다. 나는 여기저기 연락하고 알아본 끝에 내가 스타이브슨트 고등학교 입학시험과 SAT를 준비한 CCB의 보조 교사 자리를 얻었다. CCB에서 나는 일에 임하는 몇 가지 원칙을 배웠다. 첫째, 일상적인 업무 일정을 준수할 것. 나는 정해진 출근 시각보다 먼저 도착하는 법을 배웠다. 이 습관은 맡은 일을 일찍 완수하고 성장을 위한 새로운 기회를 찾을 수 있도록 해주었다. 둘째, 동료를 존중할 것. 모든 사람은 팀에 기여하고 있으며 존중받아야 한다는 것을 배웠다. 셋째, 충성심을 가질 것. CCB 잉글리시 스쿨의 설립자이자 소유주인 손 원장님은 나와 동생 데이비드에게 스타이브슨트 고등학교에 입학하는 데 필요한 훈련을 시켜주었고, 덕분에 우리는 수많은 기회를 얻었다. 나는 그분을 존경했고, 지금도 그렇다. 그 여름 동안 나는 손 원장님과 시간을 보내며 일의 기본을 배웠다.

2학년이 끝난 후 여름방학에는 일석이조의 기회를 잡았다. 한국에 있는 대형 로펌에 여름 인턴십 자리를 얻었고, 한국의 대학교에서 대학 학점도 취득한 것이다. 나는 영어 편집자 겸 번역가로 로펌에서 근무하게 되었다. 대학 졸업 후 로스쿨에 갈 계획이었기에 대형 로펌에서 근무한 경험이 경력에 도움이 될 거라고 생각했다. 당시 나는 보스턴 지역 로펌 사멕앤드파눌에서 서기로 일하고 있었기에, 더 큰 로펌에서 더 국제적인 수준의 경험을 쌓고 싶었다. 한 달 동안의 인턴십을 마친 후에는 연세대학교 국제학부에서 한국 국제 관계와 한국 정치 수업도 들었다. 이 수업들은 학점 연계를 통해 졸업 요건을 충족시키는 충분한 학점이 되었다. 수업 내용 또한 하버드 동아시아학과의 어려운 수업들을 준비하는 데에 도움이 되었다.

3학년을 마친 후의 여름은 일본 홋카이도의 하코다테에서 보냈다. 하버드에서 일본어와 일본 사회학을 공부했기 때문에 일본에서의 삶을 경험해보고 싶었다. 그래서 나는 홈스테이 어학연수 프로그램에 등록했다. 12주 동안 일본인 가족과 함께 살며 어학원에 다니는 프로그램이었다. 나는 요시다 씨 가족과 함께 지냈다. 나를 기꺼이 맞이해준 요시다 씨 가족의 관대함에 지금도 감사하고 있다. 그들은 나에게 방을 내주었고, 일본의 언어와 문화를 배울 수 있도록 나를 데리고 다녔다. 요시다 씨는 나를 아들처럼 여겼다. 처음에는 이런 관계가 조금 어색했다. 일본에 왔을 때 나는 스물두 살이었고, 요시다 씨는 40대 초반, 요시다 부인은 30대 초반이었다. 자녀들은 유치원과 초등학교에 다니고 있었으니 나이로 보면 아들이 아니라 남동생뻘이라 해야 맞을 것이다. 물론 나는 감사한 마음으로 아들 역할을 받아들였고 곧 적응했다.

여름이 끝나자 내 일본어 실력은 크게 향상되었다. 하버드에 돌아올 무렵 일본어 시험을 치렀는데, 초급에서 고급으로 일본어 레벨이 훌쩍 건너뛰어 있었다.

10

다시 대학생이 된다면…

토론팀 활동을 했더라면

　　다시 대학생이 되어 다른 선택을 할 기회가 주어진다면, 토론팀에 들어가 웅변술을 익힐 것이다. 전문직 세계에서 글쓰기 능력은 극도로 중요하다. 그런데 말하기 능력은 그보다 더 중요하다. 말하기 능력이란 대화 중에 다른 사람의 말을 분석해 즉시 상대방의 말을 논리적으로 정리하고, 자신의 생각을 분명하고 간결하며 신중한 태도로 전달하는 능력을 일컫는다. 이러한 기술을 극대화한 것이 토론이다. 더 중요한 것은, 사회생활을 할 때 토론 기술이 돋보인다는 것이다. 말하기는 모든 소통의 기본이다. 공식적인 회의 자리에서든, 쉬는 시간 복도에서든, 식사 중 나누는 잡담이든, 사람들은 상대의 말을 통해 그에 대한 인식을 형성한다. 아예 고등학교 때부터 토론팀에 들어갔더라면 더 좋았을 것이다.

스페인어를 계속 공부했더라면

그리고 스페인어를 계속 공부할 것이다. 나는 7학년 때 스페인어를 배우기 시작해 대학교 1학년 때까지 공부했다. 7년 동안 스페인어를 공부했으나 현재 나는 스페인 레스토랑에서 음식도 제대로 주문하지 못한다. 그걸 인정하기가 참 부끄럽다. 스페인어는 배울 만한 멋진 언어이고, 히스패닉 인구가 증가하는 미국에서는 점점 더 중요해지고 있다. 계속 공부해서 나를 위한 새로운 기회로 삼았더라면 좋았을 것이다.

PART 3

커리어 정복하기

커리어를 고민하는 대학생에게

기술과 경험이 모든 것을 압도한다

커리어를 시작하는 대학생이라면, 전문적인 기술과 직무 경험이 학력을 포함한 모든 것을 압도한다는 사실을 알아야 한다. 학벌이 무의미하다는 이야기는 아니다. 내가 커리어를 쌓는 과정에서도 느꼈지만, 좋은 학력은 분명 도움이 된다. 그러나 학벌이 성공적인 커리어를 보장하는 것은 아니다. 커리어는 기대만큼의 결과를 내는 '여러분의 능력'에 전적으로 달려 있다.

커리어의 정상에 오르는 것 또한 주관적인 문제다. 누군가에게는 대기업 CEO가 되거나 메이저 병원의 외과과장이 되는 것이 커리어의 정상을 의미하지만, 다른 이에게는 직업적 책임과 재정적 보상, 개인의 삶과 가족과의 시간 사이의 균형이 더 중요하다. 어떤 이는 '일하기 위해 살지만' 다른 이는 '살기 위해 일한다'. 이는 어디까지나 개인의 선택임을 밝혀둔다.

나는 나의 커리어가 성공적인 수준에 도달했다고 생각한다. 의미 있고 보람 있는 일을 했고, 가족들과 귀중한 시간을 보낼 수 있었기 때문이다. 그렇다고 내가 노력을 멈췄다는 이야기는 아니다. 나는 여전히 정상을 향해 오르는 중이며, 앞으로도 그러할 것이다.

2

사멕앤드파늘 Samek & Faneuil : 보스턴 소규모 로펌

창의적으로 기회를 잡아라

2학년 때, 나는 법률 분야에서의 활동이 필요하다고 느꼈다. 절실한 마음으로 하버드의 경력개발센터에 방문해보았지만 이거다 싶은 자리가 보이지 않았다. 나는 실망했지만 포기하지는 않았다. 내 선택권이 사라진 건 아닐 테니까. 하버드가 내게 기회를 주지 않는다면, 나의 기회를 스스로 만들면 되지 않겠는가.

226

파트타임으로 일할 대학생을 원하는 로펌을 어떻게 찾을 수 있을까? 인터넷이 없던 당시에는 《Yellow Pages》가 그 답을 주었다. 나는 지역 전화번호부를 뒤져 사십여 곳에 자기소개서와 이력서를 보내 변호사를 꿈꾸는 대학생을 위한 자리가 있는지 물었다. 사멕 변호사님은 면접을 보러 오라고 나를 불러주신 유일한 분이다. 나는 이 기회를 잡았고, 다른 것은 중요하지 않았다. 사멕 변호사님은 내게 첫 일자리를 주셨다. 나는 대학을 졸업할 때까지 사멕앤드파뉼에서 일하며 귀중한 교훈을 얻었고, 이 경험은 나의 커리어를 성공적으로 이끌어주었다.

3

CJ인터내셔널CJ International: 국제적인 한국 로펌

인맥은 기회를 열어준다

하버드 2학년과 3학년 사이 여름, 나는 성장세에 있던 한국 로펌 CJ인터내셔널에서 법률 서기로 일했다. 국제법 분야에서 일하고 싶었던 나는 국제적인 로펌에서 일할 기회를 찾고 있었다. CJ인터내셔널의 고객 중에는 해외 비즈니스 파트너를 둔 한국 기업과 한국에서 사업을 하는 외국 기업(주로 미국, 영국, 일본)이 다수 있었다. 나는 이곳에서 영어 문서를 편집하고 한글 문서를 영어로 번역하는 일을 맡았다. 당

시 나는 변호사는 아니었기에, 변호사에게 맡은 문서의 내용에 대한 설명을 듣고 업무에 임했다.

CJ인터내셔널에서 일자리를 얻기까지의 과정은 나에게 중요한 교훈을 주었다. 2학년을 마칠 때까지만 해도 국제적인 로펌에서 여름방학을 보내고 싶다는 간절한 꿈이 이루어질 거라고는 생각하지 못했다. 그래서 한국의 연세대학교에서 국제학부 수업을 듣고 학점을 취득하기로 했고, 이것이 내 유일한 여름방학 활동이 될 줄 알았다. 이곳에 일자리를 찾을 수 있었던 것은 한국에 있는 아버지의 절친한 멘토가 CJ인터내셔널의 대표 변호사를 알고 있어서였다. 지 선생님은 CJ인터내셔널의 설립자인 김 변호사님과 함께 교회를 다닌 인연으로 나의 이력서를 전달해주셨다.

CJ인터내셔널에서 일하게 되었다는 지 선생님의 연락을 받고 나는 깜짝 놀랐다! 여름 동안 전공 학점을 취득하게 됐을 뿐만 아니라 경력까지 얻게 되다니! 김 변호사님은 내가 보스턴의 로펌에서 일하며 실무 경험을 쌓은 것을 좋게 보았다고 귀띔했다. 나는 외쳤다. "사멕 변호사님, 감사합니다. 지 선생님, 감사합니다. 김 변호사님, 감사합니다!"

4

광장 Lee & Ko: 국제적인 한국 로펌

미래에 도움이 될 직업을 찾아라

나의 다음 일자리는 법무법인 광장의 연구원이자 번역가였다. 당시 광장은 '한미합동법률사무소'라는 이름으로 불렸고, 한국에서 두 번째로 큰 로펌(변호사 수 기준)이었다. 하버드에서 4학년을 보내던 나는 졸업 후 한국에서 일하고 싶었다. 이에 국제법을 다루는 대형 한국 로펌에서 풀타임 법률 서기로 일하기 위해 한국 내 일자리를 찾아보기로 결심했다. 이번에는 하버드 로스쿨 도서관에 비치된 법조 인명록

《마틴데일허벨Martindale-Hubbell》에서 한국 대형 로펌의 이름과 주소를 찾았다. 그러고 나서 자기소개서와 이력서를 보냈다. 그로부터 얼마 후, 광장에서 연락을 받았다. 대표 변호사인 이 변호사님은 뉴욕 시로 출장을 올 예정이라며, 맨해튼에서 점심식사를 함께하며 면접을 보자고 했다. 그 기회를 어떻게 거절할 수 있었겠는가?

면접 중에 이 변호사님이 한 말씀은 내게 두 가지 교훈을 주었다. '명문 대학의 학위는 실제로 많은 기회를 열어준다', '기업들은 노력한 사람들을 채용하길 원한다'. 이 변호사님은 서울대학교 법대에서 법학학위를 받은 뒤 하버드 로스쿨에 입학해 두 개의 법학학위를 추가로 취득했다고 했다. 나를 만나고자 한 주된 이유는 그가 다닌 하버드의 학생이기 때문이었다. 그는 하버드 학생들에 대한 일종의 믿음을 가지고 있었다. 또한 내가 한국의 로펌인 CJ인터내셔널에서 일한 적이 있다는 점을 좋게 보았다고 했다. CJ인터내셔널에서 여름 인턴십에 채용할 정도의 학생이라면 그의 로펌에서도 잘해낼 수 있다고 보았던 것이다. 점심 식사가 끝날 무렵, 이 변호사님은 내가 보스턴에서 뉴욕 시까지 이동한 비용에 대해 수표를 써주었다. 게다가 비서를 통해 내게 공식적인 '오퍼레터'와 뉴욕과 서울 간 왕복 항공권을 보내도록 했다.

졸업하고 얼마 후, 나는 한국으로 날아가 광장에서 일하기 시작했다. 그곳에서 국제법에 대한 실무를 배울 수 있을 것이라 생각했으나, 꼭 그렇지는 않았다. 나는 이 변호사님의 개인적인 서신들을 영어로 번역하는 일도 맡고 있었는데, 아주 드물게만 법률 문서를 다룰 수 있었다. 얼마 지나지 않아 나는 광장에서의 업무가 마음에 들지 않았다. 이 일을 통해 나는 세 번째 교훈을 얻었다. '미래에 도움이 될 커리어를 키워줄 직업을 찾아라.'

경험자에게 조언을 구하라

나는 국제 분쟁이 어떻게 일어나는지, 분쟁의 주체는 누구인지, 해결 방안은 어떻게 도출되는지 등 국제법에 대해 자세히 알고 싶었지만 그 어떤 구체적인 것도 배우지 못했다. 나는 아직 변호사가 아니었기에, 내 역할에 한계가 있으리라고는 예상했었다. 그래서 나는 로펌에 있는 해외 변호사들(변호사 연수와 변호사 시험을 한국 외 국가, 주로 미국에서 치른 사람들)에게 내가 처한 상황에 대해 상담하고 조언을 구했다. 그리고 나는 네 번째 교훈을 얻었다. '경험이 많은 사람들에게 조언을 구하라.'

변호사들은 기대 이상으로 많은 정보를 주었다. 더러는 나에게 변호사가 되고자 하는 이유를 묻기도 하고, 어떤 사람들은 변호사 일이 얼마나 싫은지 아주 솔직하게 이야기해 주었다. 자기 일에 불만을 가진 사람이 이렇게 많은 직업이 또 있을까. '나는 왜 이런 직업을 원했을까?' 하는 생각도 들었다. 처음에는 그 사람들이 나를 잘못된 길로 이끌까 봐 걱정이 되었다. 그러나 내가 법에 대한 열정이 있어서가 아니라 다른 선택권이 없다고 느꼈기 때문에 법조계를 선택했다는 것을 떠올렸고, 결국 그들이 내게 솔직하고 신뢰할 만한 조언을 주고 있음을 깨달았다.

목표 수정이 필요한 순간

심사숙고 끝에 나는 변호사가 되지 않기로 결심했다. 하지만 문제가 있었다. 내가 광장 덕분에 한국에 있다는 것. 만약 광장을 떠난다면, 한국을 떠나야 할 것이었다. 나는 한국에 겨우 몇 달 있었을 뿐이고, 미국으로 돌아갈 준비가 되어 있지 않았다. 그래서 무엇을 했느냐고? 나는 광장에서 배운 네 번째 교훈을 적용하기로 했다. 한국계 미국인 모임에서 만난 조앤이라는 친구에게 이야기를 한 것이다. 누나뻘인 그

녀는 다트머스를 졸업하고 보스턴의 베인앤드컴퍼니에서 경영 컨설턴트로 일한 적이 있었다. 조앤은 내게 베인앤드컴퍼니를 비롯해 맥킨지McKinsey, 보스턴 컨설팅 그룹Boston Consulting Group과 같은 경영 컨설팅 회사들이 어떤 방식으로 명문 대학의 학생들을 정기적으로 채용하고 교육하는지 알려주었다. 그리고 내게 이러한 기업의 서울 지사에 지원하라고 조언했다. 이들은 특히 미국에서 교육을 받고 영어를 할 줄 아는 사람을 채용하려 하기 때문이었다.

5

베인앤드컴퍼니Bain & Company: 경영 컨설팅 회사

국제적인 커리어를 쌓다

나는 글로벌 경영 컨설팅 회사 몇 곳의 서울 지사에 지원했고, 베인앤드컴퍼니의 어소시에이트 컨설턴트로 입사하기로 결정했다. 내가 처음 한국행을 결정했을 때, 내 계획은 1년 후 미국으로 돌아가 로스쿨에 다니는 것이었다. 이제 나의 목표는 비즈니스 세계와 아시아에 대해 가능한 한 많은 것을 배우는 것으로 수정되었고, 베인은 내게 기회를 줄 것이었다. 실제로 베인에서 일하는 동안, 나는 도쿄와 홍콩, 싱

가포르, 태국을 포함한 아시아 곳곳으로 출장을 다녔다. 호주의 동료와 협업하기도 했으며 수많은 프로젝트에 실질적인 방식으로 참여했다. 예를 들면, 미국 자동차 회사의 아시아 시장 진입 전략 프로젝트의 한국 부분을 오로지 나 혼자 담당했다. 통신회사의 벤치마킹 조사를 위해 다섯 개 나라의 컨설턴트들을 코디네이션하는 역할도 내가 맡았다. 대학에 다니는 동안 마음속에 그리던 국제적인 커리어를 펼친 것이다. 베인에서의 경험이 내가 쌓은 가장 중요한 경험 중 하나라고 지금도 생각한다.

베인에서 일하는 동안, 나는 커리어와 관련된 몇 가지 교훈을 얻었다. '언어적으로 편안한 나라에서 커리어를 시작하라'가 그중 첫 깨달음이었다. 물론, 한국은 나의 고향이다. 나는 집에서 한국어를 쓰며, 대학에서 한국어를 공부했다. 하지만… 나는 한국어, 특히 비즈니스 한국어가 유창하지 않았다. 한국어에 익숙해지는 것은 비즈니스 전략과 분석이라는 주요한 도전에 더해진 또 하나의 큰 도전이었다. 경영 컨설팅 회사에 입사하는 인문학 전공 졸업생들은 일반적으로 비즈니스의 기초만 배우면 된다. 나는 거기에 더해 언어까지 배워야 했다. 베인에서 첫해를 보내는 동안 언어는 엄청난 부담이 되었고, 나는 스스로 뒤처지고 있다고 느꼈다.

한국어라는 장애물을 극복하기 위해 나는 일하기 전에 주기적으로 한국어 선생님을 만나 한국어를 익혔고, 1년 만에 유창해지게 되었다. 두 번째 해를 보내는 동안, 나의 비즈니스 한국어는 독립적으로 프로젝트를 관리할 수 있을 정도로 발전했다.

좋은 상사는 좋은 직업보다 중요하다

베인에서 나는 내가 꿈꾸던 일을 했고, 그 일을 정말 좋아했다. 그러나 첫해를 보내는 동안, 나는 미국으로 돌아가는 것을 심각하게 고민했다. 당시 나는 장기 프로젝트를 맡아 두 명의 선임 컨설턴트와 함께 일하고 있었다. 나는 그들과 잘 지내지 못했다. 엄밀히 말하자면, 그런 상황을 만든 건 내 책임이다. 나는 언어적인 문제에 약간의 향수병까지 겪고 있었고, 팀에 생산적인 기여를 하지 못했다. 하지만 나의 팀장님은 문제의 근원을 이해하고 함께 해결하려는 노력 대신 나를 무시하면서 거만하게 굴었다. 그토록 모멸감을 느낀 것은 처음이었다. 보통 때였다면 나는 솔직하게 상황을 털어놓고 도움을 구했을 것이다. 그러나 나는 그들이 신뢰할 만한 사람들이 아니라고, 그들을 믿고 개인적인 이야기를 털어놓을 수는 없겠다고 생각했다. 프로젝트를 하는 동안만 참다가, 이 프로젝트가 끝나면 그들과 다시 일하지 않기로 마음먹었다. 나아가 입사 1주년이 되면 베인을 그만두기로 결심했다. 나는 '좋은 상사를 만나는 것이 좋은 직업을 갖는 것보다 중요하다'는 인생의 교훈을 얻었다.

멘토와 협력자를 찾아라

첫해가 끝날 때 베인을 떠나지 않을 수 있었던 건 내가 처한 상황을 긴 안목으로 볼 수 있도록 도와준 두 명의 멘토 덕분이었다. 이 일은 나에게 세 번째 교훈을 주었다. '직장에서 좋은 멘토 혹은 협력자를 찾아라.' 토미와 샘은 나와 비슷한 시기에 입사한 컨설턴트였다. 그들은 각각 컬럼비아 경영대학원과 하버드 경영대학원을 졸업했다. 토미는 플러싱에서 자랐고, 브루클린 과학고등학교와 컬럼비아 대학교를 다녔다. 샘은 캘리포니아에서 자랐고, MIT를 다녔다. 우리는 많은 공통점을 가지고 있었는데, 그중에서도 서울에서 일하며 비슷한 도전에 직면해 있는 한국계 미국인이라는 점이 가장 컸다. 우리는 베인에서의 첫해 동안 두터운 우정을 쌓았다.

토미는 나의 상황을 지켜보고 있었고, 내가 힘들어하고 있음을 눈치챘다. 직원 단합 여행에서 토미는 나에게 대화를 청했다. 그는 내가 어떻게 지내는지 물었고, 내가 큰 그림을 보도록 도와주려고 했다. 그는 내게 사람들이 직장을 떠나는 두 가지 이유를 말해주었다. 첫째, 본인이 싫어하는 무언가로부터 도망치기. 둘째, 본인이 더 좋아하는 무언가를 향해 달려가기. 만일 내가 지금 베인을 떠난다면, 상황으로부터 도망치는 것이라고 그는 말했다. 그러면서 다음과 같은 질문들에 대해 고민해보라고 했다. '나를 괴롭히는 문제에 맞서기 위해 최선의 노력을 했는가? 내가 맡은 업무는 장기적인 것이었나, 아니면 일시적인 것이었나? 미국에 돌아가서 무엇을 할 생각인가? 만일 상황으로부터 도망친다면, 다음에 비슷한 일이 생겼을 때 맞서 싸울 수 있을 것인가?'

나는 하버드에서 포기하지 않았던 것을 떠올리며 베인에서도 포기하지 않기로 했다. 토미는 향후 경력의 방향에 대해서도 조언해주었고, MBA 즉 경영학 석사학위 취득의 중요성을 강조했다. 나는 인문학 전공자였다. 컨설팅에서든 다른 분야에서든, 장기적인 커리어를 위해 회계와 금융, 마케팅, 통계학을 포함한 비즈니스 기초에 대한 이해가 필요했다. 대학에서 이런 과목들을 공부하지 않았기 때문에, 나는 학교로 돌아가 이런 중요한 전문 지식을 가능한 한 빨리 배워야 했다. 대학에서 기본을 배운다면, 직장에서 업무를 하며 익히는 것보다 훨씬 더 많은 장점이 있을 터였다. 직장에서 큰 실수를 범한다면 내 커리어도 손상될 수 있다. 토미의 권고와 격려 덕분에 나는 MBA 진학을 결심하게 되었다.

커리어보다 중요한 것

1997년, 나는 베인앤드컴퍼니를 퇴사하고, 3년 만에 뉴욕으로 돌아왔다. 내가 돌아온 정확한 이유는 어머니의 건강이었다. 어머니는 1996년부터 병을 앓았는데, 상태가 악화된 것 같았다. 나는 베인의 토론토 지사에서 일하기로 되어 있었지만, 이를 포기하고 미국에 돌아가기로 했다. 내 커리어에 있어 중요한 순간이었지만, 나는 네 번째 교훈을 얻었다. '가족은 커리어보다 중요하다.'

나의 원래 계획은 경영대학원에 지원하기 전까지 캐나다에서 컨설팅 경력을 쌓는 것이었다. 그러나 어머니의 병으로 인해 나는 베인에서의 경력을 급작스럽게 중단하기로 했다. 미국으로 돌아왔을 때, 나는 그 어떤 준비된 직장도, 합격한 대학원도 없었다. 아시아 전역을 돌아다니며 국제 컨설팅 업무를 하던 내가 한 달 만에 뉴욕 시에서 부모님과 함께 사는 무직자가 된 것이다.

하지만 내 생각을 할 때가 아니었다. 나의 부모님과 부모님의 상황을 생각해야 했다. 어머니의 상태는 심각했고, 아버지가 출근하신 낮 동안 어머니 곁에 있어줄 사람이 필요했다. 아버지의 의료보험이 어머니의 치료비를 감당하고 있었기에, 아버지가 직장을 다니는 게 무엇보다 중요했다. 내가 집에 있으면 아버지는 낮 동안 안심하고 업무에 전념할 수 있을 것이다. 나는 낮에 집에서 어머니와 함께 있으며 정기적으로 병원에 모시고 가고, 약국에서 어머니의 약을 받아오고, 보험 서류를 처리했다. 나는 그렇게 아홉 달 동안 어머니를 간병했다.

6

JP모건체이스JP Morgan Chase: 월스트리트 금융사

전문적인 기술은 때로 학벌보다 중요하다

어머니는 천천히 건강을 회복했다. 나는 기쁜 마음과 함께 커리어를 다시 펼칠 때가 되었음을 느꼈다. 1997년 겨울, 나는 경영대학원에 지원해 그 결과를 기다리고 있었다. 다행히 JP모건에서 일할 기회를 얻었다(당시는 체이스맨해튼 은행과 합병 전이라 'JP모건'이라고 불렸다). 구직 과정에서 내가 몇 달 후 경영대학원 진학을 위해 떠나야 한다는 사실을 미리 알렸고, 회사가 이를 받아들일 것임을 분명히 했다.

나는 기업 기술 자금 관리 분야의 금융 애널리스트로 일하기 시작했다. JP모건의 채권 부서에서 사용되는 정보 기술 장비 처리 예산을 다루는 부서였다. 나는 6개월 동안 엑셀 스프레드시트와 예산을 다루는 기술을 익혔으며, 큰 교훈을 얻었다. '전문적인 기술Skill이 학벌보다 중요하다'는 것! 물론 기술과 좋은 학벌을 모두 가지고 있으면 더할 나위가 없겠지만 말이다.

JP모건에 들어갔을 때, 나는 순진하게도 동료들도 대부분 나처럼 아이비리그 대학이나 이에 준하는 명문 대학 졸업생일 거라고 생각했다. JP모건은 명성 있는 월스트리트 회사이니 그에 맞는 학교의 졸업생들이 가득할 거라고 상상한 것이다. 하지만 실제로는 전혀 그렇지 않았다! 내가 있던 부서에는 열다섯 명이 있었는데, 그중 나만 아이비리그 졸업장을 가지고 있었다. 다른 사람들은 내가 가려고 생각해본 적도 없는 학교를 졸업했다. 앞서 말했듯 나는 아이비리그 대학에 가는 데 집착했었다. 버룩 칼리지Baruch College, 헌터 칼리지 Hunter College, 스크랜튼 대학교Scranton University 같은 학교들은 좋은 학교이지만, 일반적으로 아이비리그 대학교처럼 '명문'으로 여겨지지는 않는다.

학위의 필요성을 절감한 순간

또다른 사실도 발견했다. 나만 비즈니스 비전공자였다는 것. 나의 동료들은 명문 학교 출신은 아니지만 대학에 다니면서 필요한 역량을 익혔고, JP모건에서 영향력 있는 위치를 점유하고 있었다. 나의 상사는 내가 빨리 배우고 동료들을 따라잡을 잠재력이 있는 인문대학 졸업생이라고 평가했다. 이는 예전에 컨설팅 회사에 채용되며 받은 평가와도 일치하는 것이었다.

나는 6개월 만에 필요한 전문적인 업무 역량을 습득하고 동료들을 따라잡았다. 그러는 동안, JP모건에서 일하는 다른 인문학 전공자는 모두 아이비리그 대학을 졸업했다는 것도 알게 되었다. 반면, 명문 대학 출신이 아닌 동료들은 거의 어김없이 비즈니스 관련 전공자였다. 직업 세계에서는 직무에 필요한 배경 즉 비즈니스 역량과 업무 경험을 가진 사람들에 대한 수요가 그저 좋은 학벌만 가진 사람에 대한 수요보다 더 크다는 것을 깨달았다. 나는 경영대학원에 가서 기본적인 비즈니스 역량에 대한 이해를 키워야겠다는 결심을 더욱 굳혔다.

컬럼비아 경영대학원Columbia Business School: MBA

경영대학원에서의 성공이란?

1998년 8월, 나는 컬럼비아 경영대학원에 입학했다. 컬럼비아는 나에게 좋은 학벌과 탄탄한 업무 역량을 겸비할 기회를 주었다. 나는 회계, 금융, 마케팅, 통계학, 운영 관리, 전략, 기업 경영 등 비즈니스 감각을 키워줄 다양한 수업을 들었고, 경영대학원에서의 배움을 무척이나 즐겼다. 그러나 학업은 부차적인 것이어야 한다는 것도 빠르게 깨달았다.

245

내가 컬럼비아에서 얻은 첫 번째 교훈은 'MBA 과정에서의 성공은 학점이 아니라 졸업 후 좋은 직장을 갖는지의 여부로 결정된다'는 것이다. 나는 금융 과목에서 배운 투자 수익률의 개념을 MBA 과정에 적용했다. 흔히 'ROIReturn on Investment'라고 부르는 '투자 수익률'은 투자된 자원과 노력의 결과로 얻은 수익에 대한 평가다. 현재 컬럼비아 경영대학원에 다니려면 등록금과 생활비로 25만 달러가 든다. 25년 전에도 7만 달러라는 거금이 들었다.

컬럼비아 경영대학원에 쏟아부은 나의 시간과 돈, 노력에 진정으로 값하는 ROI는 무엇이었을까? 좋은 학점? 꼭 그렇진 않다. 나는 그 이상의 것을 원했다. 졸업 후에 안정된 보수를 받을 수 있는 좋은 직장 말이다. 그렇지 않고서야 어떻게 새로 생긴 7만 달러라는 빚을 갚겠는가? 컬럼비아에서 직원을 채용하는 많은 기업들이 지원자의 학점을 묻지 않는다는 사실을 알고 나의 분석은 더욱 굳어졌다. 학위만 받는다면, 기업은 내가 받은 학점에 신경 쓰지 않을 가능성이 높다. 따라서 나의 주요 관심사는 결국 개인적으로나 재정적으로나 만족할 만한 직장을 구하는 것으로 좁혀졌고, 여름 인턴십과 정규직 취업이 학점보다 우선시되었다. 그렇다고 수업을 허투루 들은 것은 아니다. 나는 성적 우수자가 되었으며,

컬럼비아에서의 마지막 학기에는 전 과목 A를 받았다.

고액 연봉과 삶의 질의 상관관계

내가 컬럼비아에서 얻은 두 번째 교훈은 '고액 연봉 직장이 언제나 최고의 직장은 아니다'라는 것이다. 전통적으로 컬럼비아 경영대학원은 명망 있는 월스트리트 투자은행(골드만삭스, JP모건체이스, 메릴린치, 시티은행, 모건스탠리 등)과 글로벌 경영 컨설팅 회사(맥킨지, 베인, 보스턴 컨설팅 그룹, AT커니 등)로 가는 취업 거점의 역할을 한다. 학교에서 만난 친구들도 대부분 이러한 기업에 취업하기 위해 컬럼비아에 왔다. 이런 기업들은 연봉이 높다. 오늘날 컬럼비아 경영대학원 졸업자의 평균 초봉은 17만 5천 달러이다(2022년 기준). 하지만 ROI를 고려해야 한다. 돈도 많이 주고 매력적인 이들 기업은 높은 연봉을 보장하는 만큼 많은 희생을 요구한다. 주당 100시간 이상에 달하는 긴 근무 시간, 상시 대기(일요일 아침에도 상사가 사무실로 불러내 일을 시킬 수 있다), 불쾌한 고객과 예민하고 자기중심적인 동료들을 상대하는 일이 보통 여기에 포함된다. 대부분의 사람들은 이런 어려운 환경에서 오래 버틸 수 없다. 〈USA 투데이〉는 이런 기업을 두고 '사무직 노동자 착취 공장White Collar Sweatshops'이라는 별명을 붙이기도 했다. 컬럼비아의 친구들은 대개 이런 상황을 알고 있었지만, 그러거나 말거나 다들 빠르게 큰돈을 벌고자 했다.

　전문가적 입장에서 말하자면, 위와 같은 생각은 큰 문제를 야기할 수 있다. 대부분의 사람들은 2, 3년 내에 투자은행 또는 경영 컨설팅 회사를 떠난다. 그동안 은퇴해도 될 만한 충분한 돈을 번 게 아니라면, 기존 산업 분야의 다른 일자리를 찾아야 할 것이다. 이 회사들은 '사무직 노동자 착취 공장'만큼 많은 월급을 주지 않는다. 3년차 어소시에이트로 연간 약 30만 달러를 버는 마크라는 사람이 있다고 하자. 마크는 투자은행에 진절머리가 나 대기업 유통사의 재무 부서에 입사하고자 한다. 마크는 그곳에서 과장, 운이 좋으면 부장이 될 것이다. 월스트리트 기업이 아닌 이상 과장 혹은 부장에게 연봉 30만 달러를 주지 않는다. 일반적인 연봉은 대략 14만 달러에서 18만 달러 정도로, 마크가 현재 회사에서 버는 돈의 절반밖에 되지 않는다. 연봉 차이가 극명하기 때문에 회사들은 마크 같은 사람을 고용하는 것을 꺼린다. 연봉이 더 높은 회사를 찾으면 곧바로 이직할까 봐 두려워하는 것이다. 마크 역시 수입이 줄고 업무가 달라진 만큼 걱정이 앞설 것이다. 투자은행에서는 주로 고객사의 최고 직급 관리자와 소통하며 경험을 쌓았을 테지만, 일반적인 회사에서는 아마도 낮은 직급이나 중간 직급 관리자와 주로 소통할 것이다. 상대하는 사람의 직급이 낮아진다는 것은 덜 전략적이고 더 일상적인 일을 맡게 된다는 뜻이다.

장기적인 관점에서 커리어를 추구하라

나는 투자은행과 컨설팅 분야 대신 장기적으로 경력을 쌓을 수 있는 일을 찾기로 결심했다. 마라톤을 하듯 적정한 연봉과 꾸준한 발전을 보장하는 회사에 매력을 느꼈다. 이런 회사들을 어디서 찾을 것인가? 그리고 어떤 직업이 내 미래에 가장 도움이 될까? 나의 고민은 세 번째 교훈으로 이어졌다. '기술적으로 혁신적인 제품을 만들고, 사회에 보탬이 되고, 굳건한 윤리 의식을 가진 회사에서 일하라'는 것. 무엇보다도 혁신이 거듭되어야 해당 직종이 오래갈 수 있다는 생각으로 첨단기술 제품 분야를 찾았다. 간단히 말해서, 혁신은 새로운 시장 기회를 만들어낼 새로운 제품 개선을 가져온다. 새로운 시장 기회는 미래 수익으로 이어진다. 미래 수익은 미래의 일자리를 보장한다. 사회에 보탬이 되는 제품을 만드는 분야를 찾는 것도 중요했다. 기술적 혁신 산업은 수도 없이 많지만, 모든 기업이 사회에 도움이 되지는 않는다. 예를 들어, 방위 산업은 항상 신기술을 추구하지만, 그들의 제품은 사회를 돕기 위해 설계된 것이 아니다.

나는 면밀히 조사한 끝에 제약 분야와 통신 업계로 후보를 좁혔고, 어머니를 간병한 경험을 계기로 제약 분야를 목표로 하기로 결심했다. 특정 약이 어머니의 삶을 변화시킨 과정을 눈으로 보았기 때문이다. 제약회사는 지속적으로 새롭고 혁신적인 약을 시장에 내놓는다. 게다가, 처방약을 만드는 회사들은 수년 동안 세계적으로 가장 이익을 많이 내면서도 안정된 기업으로 꼽혔다. 나는 제약회사에서 밝은 미래를 보았다. 높은 윤리 의식을 가진 회사를 찾는 것도 내게는 중요했다. 나는 스스로 독실한 기독교 신자라고 생각한다. 따라서 사업을 펼침에 있어 진실성이 보이고 직원에게 충실한 회사에서 일하고 싶었다. 나는 내가 정한 요건에 맞는 제약회사 두 곳을 찾았다.

좋은 회사를 알아보는 법

존슨앤드존슨은 기업의 신조 즉 사업을 영위함에 있어 지침으로 삼는 가치로 잘 알려져 있다. 존슨앤드존슨은 고객과 직원, 지역 사회, 주주들에게 기업의 책임을 다하고자 했고, 나는 기사와 책을 통해 많은 사례를 접했다. 존슨앤드존슨 기업 신조의 가장 유명한 예는 '1982년 타이레놀 독극물 사건'이다. 유통 과정에서 독극물인 사이안화칼륨(일명 청산가리)에 오염된 일부 타이레놀 제품이 약국에 공급되어 시카고 지역에서 몇 명의 사망자가 나온 것이다. 얼마 후 존슨앤드존슨은 '전 세계 상점에서' 타이레놀을 회수하기로 했다. 사건이 일어난 일리노이 주에서만 제품을 수거할 수 있었음에도 국제적인 책임감을 느꼈던 것이다. 존슨앤드존슨이 새로운 안전포장을 개발하는 동안 타이레놀 판매는 전면 중지되었다. 말할 필요도 없이 존슨앤드존슨은 큰 금전적 손실을 입었다. 그러나 존슨앤드존슨은 신뢰를 지키는 것이 더 중요하다고 보았다. 나는 이 사례에 큰 감명을 받았다. 하버드 경영대학원은 이 사례를 연구해 발표했고, 이 연구는 오늘날에도 전 세계 학생들에게 기업 책임과 윤리적 행동을 가르치는 데 인용되고 있다.

내가 염두에 둔 또 다른 회사는 일라이릴리였다. 업계에 대해 조사하던 중 일라이릴리가 대공황 시절 단 한 명의 직원도 해고하지 않았음을 알게 되었다. 일라이릴리는 회사에서 일하는 사람들을 최고의 자산으로 여긴다. 1929년 대공황 때 미국은 많은 어려움에 직면했고, 중서부는 특히 상황이 심각했다. 그때도 지금처럼 인디애나 주에 기반을 두고 있던 일라이릴리는 지역의 안정적인 기업 중 하나였다. 대공황 때, 많은 농장과 회사들이 극심한 재정적 어려움에 직면하면서 수천 명에 이르는 대량 해고가 발생했다. 사회적 절망감이 만연한 시기였다. 그러나 일라이릴리는 직원들을 지키기로 했고, 대량 해고 없이 대공황을 무사히 헤쳐나왔다. 최악의 시기에도 직원들을 지킨 회사라면 경기가 좋을 때는 직원들에게 얼마나 더 잘하겠는가?

나는 존슨앤드존슨과 일라이릴리, 두 회사를 골랐다. 그리고 컬럼비아 경영대학원 1학년과 2학년 사이 여름에 일라이릴리에서 마케팅 어소시에이트 인턴으로 일했다. 존슨앤드존슨의 인턴 기회도 있었지만, 미국 중서부에 가본 적이 없었기에 일라이릴리를 선택했다. 오랫동안 대도시 환경에서만 지냈기 때문에, 전과는 다른 삶의 속도와 새로운 환경을 경험해보고 싶었다.

취업은 현실이다

　나는 일라이릴리의 여름 인턴으로, 당뇨 마케팅팀과 함께 제품수명 주기 전략을 세우는 일을 맡았다. 당시 일라이릴리는 개선된 인슐린 제품으로 시장에 유통되던 기존 인슐린 제품을 대체하고자 했다. 나는 이 일에서 활기와 지적 자극을 얻었고, 경영 컨설팅과 금융계 경험을 살려 동료들에게 새로운 분석법을 선보이기도 했다. 나는 내 직무를 좋아했고, 회사도 나의 성과를 마음에 들어했는지 MBA를 마친 후 정규직으로 입사할 것을 제안했다. 나는 제안을 받고 정말 기뻤다! 하지만 얼마 지나지 않아 현실은 조금 다르다는 것을 깨달았다.

기회가 많은 곳에 터를 잡아라

일라이릴리는 멋진 동료들이 있는 훌륭한 회사였지만, 역시 위치가 문제였다. 인디애나 주의 인디애나폴리스. 당시 미혼인 내가 그곳에 입사한다면, 가족이나 친구도 없이 외톨이로 살아야 할 터였다. 회사가 사회생활의 전부를 차지하게 되는 것이다. 만일 회사에서 힘든 일을 겪더라도 말이 새어나갈 걱정 없이 완전히 마음을 터놓고 상의할 사람이 없다는 뜻이다. 교회나 다른 모임에서 새로운 관계를 만들 기회도 없었다. 어른이 되고 나면 새로운 관계, 특히 응석을 부리거나 솔직한 감정을 편안하게 털어놓을 수 있는 관계를 쌓는 게 정말이지 어렵다. 나는 인디애나폴리스로 가는 것에 대해 고민하기 시작했다. 나는 여기서 첫 번째 교훈을 얻었다. '가능하면 가족과 친구들이 있는 사회적 터전에서 가까운 곳에서 커리어를 개발할 것.'

언젠가 일라이릴리를 떠나 이직하는 경우도 고려하지

않을 수 없었다. 일라이릴리는 인디애나 주의 중심이다. 그곳을 떠난 내가 일라이릴리 말고 어디에서 그만한 직장을 찾을 수 있을까? 인디애나 주를 떠나는 것 말고는 선택권이 없을 것이다. 하지만 미국은 거대한 나라이고, 주를 떠나 기회를 찾는 것은 쉽지 않다. 면접을 한번 보려고 해도 연차나 휴가를 내서 먼 길을 떠나야 하니 말이다. 대부분의 제약 대기업은 뉴저지와 뉴욕, 펜실베이니아에 있다. 이제 커리어를 시작하는 입장에서 이 모든 난관을 예상하면서까지 무리수를 두고 싶진 않았다. 나는 여기에서 두 번째 교훈을 얻었다. '기회가 많은 지역에 위치한 회사에 입사할 것.'

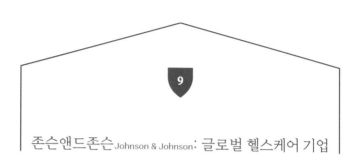

9

존슨앤드존슨 Johnson & Johnson : 글로벌 헬스케어 기업

모든 포지션이 중요하다

　나는 일라이릴리에서의 여름 인턴십을 마치고 컬럼비아 경영대학원으로 돌아왔다. 2학년이 된 나는 존슨앤드존슨이 정규직으로 근무하기에 이상적인 회사일 것이라 판단했다. 그런 생각으로 존슨앤드존슨에 있는 채용 담당자에게 연락해 정규직 면접에 관심을 표했다. 훗날 존슨앤드존슨의 팀장님은 나를 '놓친 물고기'라 생각했었다고 털어놓았다. 나를 그의 부서로 데려가고 싶었는데, 내가 그만 일라이릴리

의 인턴십 자리를 선택한 것이다. 팀장님은 내가 더는 존슨
앤드존슨에 관심이 없는 줄 알았지만, 그런 내가 여름 인턴
십 면접 때보다 더 강한 의욕을 안고 문을 두드려서 기뻤다
고 했다.

존슨앤드존슨과 나의 이해가 일치했기에 채용 절차는
복잡하지 않았다. 친구들이 다른 제약회사에서 일자리를 제
안받는 시간의 절반 정도밖에 걸리지 않았다. 존슨앤드존슨
에서 내 첫 직무는 의약품 및 장비를 구입하는 고객과 계약
을 맺고 관리하는 일이었다. 나는 존슨앤드존슨의 다양한 부
서들과 소통할 수 있었기에 무척 즐겁게 일했다. 계약은 두
당사자 간에 모든 사업 조건을 보호하는 것이다. 그래서 나
는 존슨앤드존슨의 가장 중요한 제품이 무엇이고, 이를 어떻
게 마케팅할 것이며, 가장 큰 구매처는 누구인지 등을 배웠
다. 이것은 비교적 '낮은' 포지션으로, 고객과의 소통이 많은
자리라 할 수 있다. 그다음으로 맡은 직무는 향후 판매될 신
약을 위한 전략을 세우는 일이었다. 이 직무는 보다 '높은' 포
지션으로, 전략 중심적이면서 고객과의 소통이 적은 일이었
다. 존슨앤드존슨에서 일하는 동안 나는 몇 가지 교훈을 얻
었다.

회사 내에서 인간관계 쌓기

첫째, '모든 동료들과 좋은 관계를 유지할 것.' 아무리 큰 회사라 해도 언제 누구와 어떤 자리에서 다시 만나게 될지 모른다. 내게는 산제이가 그랬다. 그는 내가 존슨앤드존슨에 입사해 첫 발령받은 부서의 총 책임자이자 내 직속상관의 상사였다. 그와는 간혹 업무 관련 이야기를 나누었을 뿐이었다. 그 부서에 들어간 지 1년이 지나고 산제이는 승진해 존슨앤드존슨의 다른 부서로 갔다. 1년 6개월 뒤, 나는 첫 번째 직무를 마치고 전략 기획이라는 두 번째 직무를 맡게 되었는데, 산제이가 내 직속상관이 될 예정이라고 했다! 짧은 인연이지만 안면이 있는 상사와 일하게 되었다는 사실에 나는 안도했다. 무엇보다 중요한 것은 내가 그와 부정적인 감정을 쌓은 적이 없다는 것이다. 덕분에 우리는 좋은 팀워크를 형성했다.

존슨앤드존슨에서 새로운 도전을 하고 싶었던 나는 동료들과 어울리며 조언을 구하거나 선례를 듣고, 관심 있는 부서의 사람들을 소개받기도 했다. 이러한 노력은 일부 성과가 있었지만, 늘 그렇지만은 않았다. 처음에 나는 그동안 자주 소통하던 사람들하고만 이야기를 나눴다. 하지만 곧 더 넓은 그물을 쳐야 한다는 걸 직감하고, 존슨앤드존슨에서의 입사 첫 달에 제품 전략 회의에서 만났던 산딥에게 연락했다. 그가 내게 도움이 될 만한 조언을 줄 것 같았다. 그리고 그는 실제로 내게 조언 이상의 것을 주었다. 산딥이 속해 있는 글로벌 전략부가 바로 내가 찾던 곳이라고 알려준 것이다. 산딥은 나의 적극적이고 주도적인 모습을 좋게 평가했고, 부서 책임자와의 면접 자리를 마련해주었다. 면접 직후 나는 팀에 합류하라는 제안을 받았고, 그렇게 존슨앤드존슨에서의 두 번째 자리를 얻었다. 상사인 산제이 역시 산딥의 제안으로 그 부서에 온 것임을 나중에 알았다. '예상 밖의 사람에게 꼭 필요한 도움을 받을 수도 있다.' 나는 이 두 번째 교훈을 마음에 새겼다.

먼저 자격을 갖춰라

여러 회사에서 고위 경영진의 면면을 살펴보면 몇 가지 공통점을 찾을 수 있다. 예를 들어 자동차 회사인 포드Ford의 고위 경영진은 주로 재무 부서에서 경력을 쌓은 사람들이다. 존슨앤드존슨의 고위 경영진 대부분은 영업 경험이 있다. 이는 의사들이 환자에게 제품을 처방하고 사용하는 과정을 가까이에서 보고 겪었음을 의미한다. 마케팅이나 신제품 개발처럼 부담이 큰 위치에 있는 사람들에게 현장에서 쌓은 영업 경험은 중요한 바탕이 된다.

물론, 경험이 절대적인 요건은 아니다. 이 법칙에는 예외가 존재하고, 특히 MD(의학박사 학위. 그렇다, 존슨앤드존슨의 사업부에서 근무하는 '의사'들이 있다!)나 MBA, MA(대학원 석사), 박사학위 또는 MPH(공중 보건 석사)와 같은 학위를 보유한 사람의 경우 더더욱 그렇다. 존슨앤드존슨에서의 내 두 번째 부서에서는 대개 전문 분야의 학위 또는 높은 학위를 보유한 지원자를 채용했다. 주위를 둘러보면 모든 사람들이 박사 학위나 MBA를 가지고 있는 듯했다. 거기에 내포된 의미는 분명했다. 어떤 일에나 필요한 자격이 있다는 것. 좋은 기회가 주어졌을 때 놓치지 않으려면, 경험이든 학위든 '직무 자격'을 충분히 갖추어야 한다.

10

럿거스 로스쿨 Rutgers Law School - JD

커리어에 '보조배터리'가 필요한 이유

존슨앤드존슨에 입사하고 얼마 후, 나는 JD(Juris Doctor, 법학 전문 학위)를 취득하기 위해 럿거스 로스쿨 야간 과정에 입학했다. 광장에서의 경험 이후 변호사가 될 생각은 없었지만, 제약 분야는 규제가 심한 산업인 만큼 법률 지식이 유용할 것이라 생각했다. 다이내믹한 비즈니스 환경에서는 변화만이 살길이라는 생각도 있었다. 그렇게 나는 8시에서 5시까지 회사에서 풀타임으로 일한 후, 6시에서 9시까지 야간 수업을 들으며 학위를 취득했다. 3년 과정인 일반 로스쿨에 비해 야간 과정은 4년 동안 이어지며 여름방학도 없다. 이 시간을 버티게 해준 것은 '보조배터리'에 대한 필요성이었다.

누구나 '보조배터리'가 필요하다. 만일 기업의 축소 또는 인수합병 등으로 자리가 없어질 위기에 처했다면 어떻게 할 것인가? 기본적으로 다른 일자리를 찾아야 할 것이다. 이때 전문 자격을 보유하고 있다면 관련 분야로 이직하는 데 큰 도움이 된다.

이 같은 '보조배터리'의 필요성을 가르쳐준 사람은 바로 나의 아버지였다. 당시 아버지는 가와사키Kawasaki에서 일하면서도 뉴욕 시의 택시 면허를 취득했다. 택시 면허증은 만에 하나 해고당할 경우 빠르게 대체 직장을 찾게 해줄 아버지의 보조배터리였다.

내 경우, 와이어스에서 일하던 시절 그 '만약'의 상황이 실제로 일어났다. 2009년 1월에 화이자Pfizer가 와이어스를 인수한다고 발표한 것이다. 당시 내가 마케팅하던 제품이 화이자의 가장 중요한 제품과 중복되었기에 나는 우리 팀이 없어지리라는 걸 직감했다. 그러나 다른 직장을 찾으면서도 나는 가족을 지킬 수 있다는 자신감을 잃지 않았다. 이미 JD 학위를 받고 뉴저지 변호사 시험에 통과했기에, 원하면 변호사로 일할 수 있기 때문이었다.

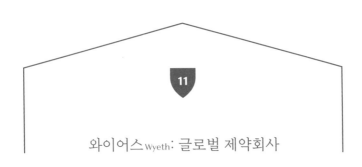

11

와이어스wyeth: 글로벌 제약회사

성과를 기회로 만드는 법

존슨앤드존슨에서 6년을 보낸 후 나는 와이어스로 이직했다. 존슨앤드존슨을 떠난 주된 이유는 다양한 경험을 쌓고 싶은 욕심 때문이었다. 존슨앤드존슨에서 나는 가격 전략 및 보험급여 관리라는 업무에 주로 매진했는데, 너무 젊은 나이에 한 가지 일에 묶이는 것이 걱정이 되었다. 와이어스에서는 보다 광범위한 기획을 해볼 기회가 주어졌다. 나는 와이어스의 여성 헬스케어 사업부에 입사해 15억 달러짜리 부서의 10년 단위 기업 전략을 구축하기로 했다. 와이어스 입사는 내 커리어를 넓혀줄 긍정적인 한 걸음이었고, 나는 그곳에서 일하는 동안 몇 가지 중요한 교훈을 얻었다.

첫째, '자신의 목표와 목적을 상사에게 전달하되 자신의 성과 또한 확실히 증명할 것'. 여성 헬스케어 사업부에서 기업 전략이 완성될 무렵, 나의 상사는 와이어스에서의 내 비전을 물었다. 나는 장기적 목표와 하고 싶은 업무에 대해 생각해본 후 아시아 태평양 지역에 대해 품어온 관심과 경험을 바탕으로, 회사가 아시아로 뻗어가는 과정에 뛰어들고 싶다고 대답했다. 내 상사는 나의 이력과 능력, 실적(내가 내놓은 전략이 좋은 평을 받았다)을 평가했고, 나의 목표가 합리적일 뿐만 아니라 기업에도 이익이 될 것이라 여겼다. 나는 와이어스의 아시아 태평양 지사에 대해 더 잘 알고 싶다며 글로벌 마케팅 업무를 맡고 싶다는 바람을 내비쳤다. 상사는 글로벌 마케팅 업무를 맡은 적이 없는 나를 유럽과 아시아의 신장암 치료제 출시를 담당하는 전도유망한 글로벌 마케팅 팀에 배치해주었다. 결과적으로 나는 아시아에 대한 오랜 관심을 인정받아 아시아 출시를 이끄는 업무를 맡게 되었다.

와이어스에 갓 입사했을 때 나는 회사에서 선임 역할을 하는 존슨앤드존슨 출신 선배들을 다수 만났다. 밥도 그들

중 하나였다. 나는 그에게 멘토링을 부탁했고, 그는 내게 다음과 같은 지혜를 주었다. "새로운 조직에 들어갔다면 맡은 일을 해낼 수 있는 역량을 확실하게 갖추고, 조직문화를 배우고, 동료 및 업무를 완수하도록 도와줄 협력자들과 허물없는 인간관계를 형성해야 해." 밥이 옳았다. 내가 그 일을 해낼 수 있음을 확실히 해두지 않으면 내 자리는 곧 다른 누군가로 대체될 것이다. 나는 밥의 조언대로 개발해야 하는 기술들을 빠르게 살펴보고, 이 기술들을 효과적으로 익히고 적용하려 했다. 그 결과, 나는 맡은 일을 성공적으로 해냈고 회사의 인정을 받았으며, 다음 업무로 옮겨가기에 좋은 위치에 있었던 것이다.

조직문화를 배우고 협력 관계를 형성하라

와이어스라는 회사가 돌아가는 방식을 이해하는 것도 필요했다. 예를 들면, 직원들 사이의 조화를 추구하는 문화 속에서 혼자 팀원들을 압박하는 공격적인 전술을 쓰는 사람은 곧 고립되고 말 것이다. 회사란 동료들과 상호 의존적인 파트너십을 맺어야 하는 곳이고, 고립은 업무와 커리어의 성장이 중지됨을 의미한다. 나의 모래상자 안에서 얌전히

놀되 다른 아이들이 노는 법을 익히는 것이 필요한 순간이
었다.

　마지막으로, 동료들과 협력 관계를 형성해야 했다. 기업
전략을 구축하기 위해, 나는 사업부에서 판매하는 여러 제품
의 마케팅 계획뿐만 아니라 전반적인 제품들의 파이프라인
을 위한 연구 개발 계획도 이해해야 했다. 와이어스에서 일
하는 동료 마케터 및 연구진과 친해질 필요가 있었다. 시간
이 지나면서, 나는 지원 부서의 동료들과 친밀한 관계를 형
성했다. 와이어스는 제약 산업에서 내 경력을 강화할 수 있
는 엄청난 기회였다. 앞서 언급했듯 2009년 1월, 화이자가
와이어스를 인수한다고 발표했고, 나는 우리 팀이 가까운 미
래에 해체되리라고 예상했다. 그리하여 나는 3년 정도 근무
한 와이어스를 떠나 바이오베일파마슈티컬스에 입사했다.

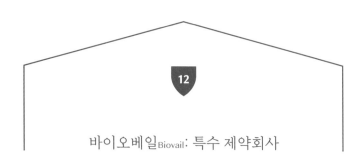

바이오베일Biovail: 특수 제약회사

작은 회사에 입사하는 것을 두려워하지 마라

바이오베일은 신경학적 질병 치료제에 주력하는 캐나다의 제약회사이다. 바이오베일은 와이어스보다 훨씬 작은 회사였다. 규모 차이를 따져보면, 와이어스의 2008년 의약품 수익은 총 210억 달러 정도인 반면 바이오베일의 수익은 약 7억 5,000만 달러였으니 30분의 1인 셈이다. 와이어스는 펜실베이니아의 본사에 약 5,000명의 직원을 두었고, 바이오베일의 미국 지사에는 약 50명이 있었다.

268

그럼에도 바이오베일에 입사함으로써 나는 작은 회사에서만 배울 수 있는 것이 얼마나 많은지를 깨달았다. 기존의 대기업 제약회사와는 달리 바이오베일은 직원 수가 훨씬 적다. 따라서 개개인에게 더 많은 역할을 요구한다. 나는 라이센스 인(License-in, 외부 회사가 개발중인 신약후보 물질을 라이센스 비용을 지불하고 도입하는 것) 후보군의 상업적 가능성을 평가하는 일을 하는 전략 마케팅 담당자였지만, 제품 매출을 예측하고 예산을 짜는 일에도 적극적으로 나서야 했다. 나는 한 번에 세 가지 일을 배웠고, 이는 커리어의 도약을 위한 중요한 시간이었다. 큰 조직은 대개 세분화되어 어느 정도 영역이 정해져 있는 법이다. 자신의 자리를 지키고 '자기 일만 하는' 문화가 있다. 작은 회사에서는 그 같은 틀에서 벗어나 가능한 한 많은 일을 주도적으로 하는 직원들이 인정받는다.

13

크림슨 셰르파Crimson Sherpa : 대입 컨설팅 기업

커리어의 전환점

마흔 살이 되던 해, 나는 나만의 사업체를 꾸리기 위해 오랫동안 몸담고 있던 제약/바이오 업계를 떠나기로 결심했다. 시간이 흐르면 흐를수록 회사를 떠나기가 힘들어질 것이라는 생각도 있었다. 다행히 새로운 일을 준비하는 동안 가족을 부양할 정도의 저축이 있었고, 아내도 나의 결정을 믿고 힘껏 응원해주었다. 그렇게 2011년 나는 1인 기업 '크림슨 셰르파'를 개업하고 전업 대입 컨설턴트가 되었다.

전업 대입 컨설턴트가 되다

사실 나는 하버드 신입생 시절부터 종종 학생들의 대학 및 대학원 지원서를 돕곤 했다. 일종의 부업이었던 이 일에 40대 이후의 삶을 걸어보기로 한 것이다. 내가 이 소식을 주변에 알렸을 때, 내가 안정적인 커리어를 포기했다며 걱정하는 사람들도 많았다. 걱정되는 마음은 물론 이해하지만, 나는 새로운 시도에 목말라 있었다. 어느 정도 재정적 안전망도 구축했고 '보조배터리(뉴저지 주 변호사 자격)'도 확보했으니 위험을 감수할 만하다고 판단했다. 나를 적극적으로 지지해준 사람들도 있었다. 그중 한 명은 뉴욕에서 만난 평생지기인데, 한국에 살고 있던 그는 잠재 고객(학부모와 학생)을 소개하겠다며 나를 한국으로 초대했다. 그렇게 나는 2011년 9월, 한국으로 첫 출장을 떠났다. 일주일 만에 첫 한국 고객을 확보했고, 이제 나의 고객은 미국의 동부와 서부, 영국, 아시아 전역에 걸쳐 있다.

아시아로 사업을 확장한 이후로 한국은 물론 싱가포르, 하노이, 상하이, 자카르타 등 아시아 전역의 국제학교와 미국 및 영국의 보딩스쿨에 다니는 재능 있는 학생들을 만나 함께하는 특권을 누렸다. 나는 일 년에도 수차례 미국과 아시아

271

주요 도시를 오가며 일하고 있고, 특히 팬데믹 동안에는 한국에서 여섯 번의 긴 자가격리 기간도 견뎌냈다!

2011년에 이 사업을 시작할 때 내가 품은 비전은 큰돈을 버는 것은 아니었다. 만약 그랬다면 서울 압구정동에 '학원'을 차렸을 것이다. 대신 나는 내가 직접 키운 유능하고 믿을 수 있는 인재들로 일종의 네트워크를 구축하고 싶었다. 그들이 서로에게 힘이 되고, 내 아이들의 친구이자 멘토가 될 수 있기를 바랐다. 그것이 내가 여전히 학생 한 명 한 명과 일대일로 일하며, 각자의 상황과 독특한 포부에 따른 '맞춤형 전략'을 제공하는 이유이다.

크림슨 셰르파의 원칙들

이를 위해 나는 몇 가지 원칙을 정해두었다. 우선, 한 번에 맡는 학생 수를 엄격히 제한하며, 12학년 학생은 10명을 넘지 않도록 한다. 그 아래 학년 학생들의 수는 점진적으로 늘어나지만, 이들이 12학년이 되는 시점에는 10명으로 제한된다. 만나는 모든 학생을 받아들이는 것도 아니다. 그들이 얼마나 좋은 고등학교에 다니든, GPA와 SAT 점수가 얼마나 높든 상관없이, 수많은 학생들을 거절해왔다. 내게는 성적보다 학생의 인성이 더 중요하다. 더러는 나와의 약속을 지키지 않은 학생을 내보내기도 한다. 나는 청소년들에게도 성실성과 신뢰가 중요하다고 믿는다. 이는 학생들이 사회생활을 잘 헤쳐나갈 수 있도록 대비시키는 나만의 교수법이기도 하다.

대입 컨설턴트에서 평생의 멘토로

나는 대입 컨설턴트로서 학생들과의 첫 만남을 갖지만, 시간이 지나면서 그들의 멘토가 되어 대학과 그 이후에 직면하는 어려움을 극복할 수 있도록 돕는다. 이 책에도 썼듯이, 대학에서의 학업과 커리어도 대입 못지않게 중요하기 때문이다. 나는 인문학(동아시아학)을 전공했으며 법학 전문 학위JD를 받은 변호사이고, 경영대학원MBA에 다녔으며 세계적인 기업과 월스트리트를 두루 경험했다. 소규모 회사 경험도 있고, 지금은 1인 기업을 운영하고 있다. 이처럼 다양한 커리어에서 얻은 통찰을 학생들을 위해 적극 활용한다. 하버드 대학교와 컬럼비아 경영대학원 면접관을 지내며 습득한, 미국 대학과 대학원이 학생들을 평가하는 기준에 대해서도

273

학생들과 나눈다. 회사에서 캠퍼스 채용을 주도한 경험을 살려 채용 시 기업의 평가 기준이 무엇인지도 조언할 수 있다.

　나를 '멋진 삼촌'이라고 불러주는 학부모도 있다. 어떤 학부모는 혹여 세상을 일찍 떠나게 될 경우에 대비해 나와 내 아내에게 자녀의 대부모가 되어달라고 청하기까지 했다. 이처럼 장기적인 관계를 쌓아온 덕택에 매년 추수감사절이면 미국에서 기숙학교나 대학에 다니거나 직장을 다니는 학생들이 시애틀에 있는 우리 집에 와서 함께 시간을 보내곤 한다. 매년 연말이면 서울에서 송년회도 연다. 나의 학생들이 서로를 알아가고, 가끔은 그들을 매섭게 몰아붙이던 나에 대한 추억을 공유하며 유대감을 형성할 수 있도록 하는 것이다. 나의 옛 제자들이 이제 막 대학에 입학한 신입생들의 멘토가 되어주는 모습을 볼 때면 가슴이 벅차오른다.

길을 열어주는 셰르파 '폴쌤'

　나는 나의 학생들이 마주하는 새로운 도전(대입, 취업 등)을 큰 산이라고 부르곤 한다. 그리고 내가 그들의 '셰르파'라고 생각한다. 셰르파가 히말라야 산봉우리를 수도 없이 오르내리며 등산객을 안내하듯, 여러 지형과 변수에 익숙한 내가 학생들을 안내하는 것이다. 나의 조언을 통해 학생들이 대학이라는 경험을 최대한 활용하고 장기적인 커리어를 쌓아 현실 세계에서 성공할 수 있다면 더 바랄 게 없겠다.

〈뉴욕타임스〉 기자였으며 대학 입학 컨설팅 분야의 선구자가 된 '로렌 포프'의 이름을 들어본 사람이 있을 것이다. 그의 저서가 《내 인생을 바꾸는 대학》이라는 제목으로 한국에서 출간되기도 했다. 로렌 포프는 무려 90세가 넘어서까지 컨설턴트로 일하며 대입 컨설팅의 전설이 되었다. 나 또한 90대가 될 때까지 이 분야에서 일하고 싶은지까지는 확신할 수 없다. 하지만 한 가지는 확실하다. 나는 지금 내가 좋아하는 일을 하고 있으며, 이 일을 그만두고 싶지 않다는 것이다.

다시 새로운 산을 오르며

지나온 길을 돌아보며 좋은 대학에 입학하는 것이 반드시 미래의 성공을 보장하지 않음을 다시 한번 느낀다. 삶과 학벌이 무관하다는 이야기는 아니다. 오히려 고등학교에서의 준비 과정과 대학 생활, 그리고 이후의 삶이 매우 유기적으로 연결되어 있다는 이야기이다. 내가 대입 이후의 삶의 경험에 대해서 줄곧 전하고자 하는 바도 이것이다. 인생에는 목표가 필요하다. 목표가 뚜렷하다면 대학에서도 잘해낼 수 있을 것이고, 학교와 직장에서 쌓은 경험은 졸업장 이상의 가치를 지닐 것이다.

어릴 때, 나는 아이비리그 학교에 입학하는 것, 명망 있는 기업에서 일하는 것만이 성공이라고 여겼다. 하지만 나이가 들면서 내게 있어 성공이란, 사랑이 넘치는 가족을 갖는 것, 인생 전반에 걸쳐 개인적 책임을 다하는 것, 친구들과 의미 있는 영향을 주고받는 것, 지혜를 기르는 것, 보람 있고 장기적인 커리어를 쌓으려 노력하는 것, 누군가에게 평생의 멘토가 되는 것을 포함하는 것으로 진화했다. 내게는 또 어떤 큰 산이 기다리고 있을지, 여러분의 삶의 지도는 또 어떻게 진화해갈지 기대된다.

대입과 대학 생활, 취업은 누구에게나 높고 험한 산이다. 여러분이 자신 앞의 산을 정복하는 데에 이 책이 도움이 되길 바란다. 그리고, 학업과 경력에 대해 좀 더 넓은 시야로 바라보고 저마다 세운 '성공'을 향해 유익한 여정을 시작하기를 온 마음으로 바란다.

이 책에서 함께한 학생들

(가나다순)

애슐리 구(Ashley Koo), 코넬 대학교 2024년 졸업 예정

브라이언 김(Brian Kim), 서던캘리포니아 대학교 2021년 졸업

애니 김(Annie Kim), 듀크 대학교 2009년 졸업

김정하(Jeongha Kim), 펜실베이니아 대학교 2026년 졸업 예정

제니퍼 김(Jennifer Kim), 노스웨스턴 대학교 2024년 졸업 예정

오영준(Youngjun Oh), 조지타운 대학교 2019년 졸업

이윤수(Justin Yoonsu Lee), 터프츠 대학교 2022년 졸업

이윤진(Amy Lee), 세인트루이스 워싱턴 대학교 2019년 졸업

율리아 리(Yulia Lee), 밴더빌트 대학교 2021년 졸업

재니 리(Jaenney Lee), 노스웨스턴 대학교 2027년 졸업 예정

엘리자베스 정(Elizabeth Chung), 조지타운 대학교 2026년 졸업 예정

줄리 정(Julie Chung), 브라운 대학교 2026년 졸업 예정

지니 정(Jinny Chung), 펜실베이니아 대학교 2026년 졸업 예정

정희원(Hee Won Chung), 브라운 대학교 2023년 졸업

아론 한(Aaron Han), 스탠퍼드 대학교 2023년 이학 석사, 2022년 이학 학사

엘리 한(Ellie Han), 밴더빌트 대학교 2024년 졸업 예정

익명, 브라운 대학교 2025년 졸업 예정

익명, 노트르담 대학교 2022년 졸업

익명, 펜실베이니아 대학교 2027년 졸업 예정

익명, 스탠퍼드 대학교 2022년 졸업

익명, 서던캘리포니아 대학교 2026년 졸업 예정

아이비 웨이

1쇄 찍은날 2023년 10월 18일
1쇄 펴낸날 2023년 11월 1일

글   Paul J. Kim 김재훈
옮김   최정민
발행인   이승희
디자인   즐거운생활

펴낸곳   버터북스
출판등록 제2020-000039호
주소   서울시 서대문구 서소문로 37 충정로 대우
        디오빌 1327호

이메일   butterbooks@naver.com
인스타그램 @butter__books
페이스북   butterNbooks

ISBN   979-11-91803-20-4 43370
        책값은 뒤표지에 있습니다.

        ⓒ Paul J. Kim 김재훈, 2023

버터북스는 '내 친구의 서재'의 임프린트입니다.

잘못된 책은 구입하신 서점에서 바꾸어드립니다.